끌리는 사람은 말투가 다르다

# 끌리는 사람은 말투가 다르다

소통이 어려운
어른을 위한 50가지
대화의 기술

이상화 지음

빌리버튼 billybutton

# 당신은 '어른의 대화'를 하고 있나요?

제가 이 책을 쓰는 목적은 분명합니다. 여러분은 왜 이 책을 펼치게 되었나요? 제가 이 책을 쓰는 목적, 그리고 여러분이 이 책을 선택한 이유는 모두 같습니다. 바로 좋은 대화를 통해 좋은 인간관계를 만드는 것이죠. 그래서 이 책은 혼자가 아닌 '함께' 읽어야 합니다. 대화는 서로 말을 주고받는 행위이므로 한 사람만 신경 써서는 좋은 대화가 완성될 수 없기 때문입니다. 대화에 참여하는 모든 사람이 이 책을 읽은 후에 마주 앉아 서로의 생각을 나눠야 합니다.

이 책에 담긴 이야기들은 절대 정답이 아닙니다. 사람마다 편안함을 느끼는 지점과 불편함을 느끼는 지점은 다를 수밖에 없기 때문이죠. 그래서 서로가 가진 그 지점들을 공유해야 합니다. "맞아. 나는 이렇게 말하는 게 불편해.", "나는 이건 아무렇지 않아. 괜찮은데?"라고 말이죠. 각 내용들에 대한 자신의 생각을 상대방에게 들려주시기 바랍니다. 그리고 상대가 평소에 사용하는 말들을 이 책에서 발견했다면 그것 역시 알려주시기 바랍니다. 우리는 자기가 평소에 하는 말이 누군가에게 상처를 주고 있다는 사실을 모르는 경우가 의외로 많습니다. 알면서도 일부러 했던 게 아니라면 몰라서 저질렀던 실수는 충분히 고칠 수 있습니다.

상처를 받았다면 '지금 당신의 말로 상처받았다'고 말하세요. 그 상처를 드러내지 않고 혼자서만 참고 견디는 것은 당장의 평화를 유지하는 덴 좋을지 모르지만 장기적으로는 관계를 서서히 망가뜨리는 더 나쁜 결과를 가져오게 됩니다. 이 책을 읽으며 대화에 대한 서로의 생각을 주고받는 과정을 통해 상대가 싫어하는 말을 최대한 하지 않도록, 상대가 좋아하는 말을 최대한 많이 하도록 노력해봅시다. 모든 인간관계에서의 갈등이 줄어들고 지금보다 더 편안하고 화목하게 지낼 수 있게 될 것입니다.


이 책에서 말하는 좋은 대화의 기술들은 모두 '평상시'를 기준으로 하고 있다는 것을 말씀드립니다. 우리는 로봇이 아닌 사람입니다. 완벽할 수도, 완전할 수도 없죠. 그래서 이 책에 담긴 소위 좋은 소통을 위한 기술들을 24시간, 365일 구사하기란 어렵습니다.

살다 보면 어떤 이유에서든 화가 치밀어 오르고 짜증이 날 때가 있습니다. 몸이 아파서 기운이 없는 날도 있고요. 아무 이유 없이 기분이 처지고 우울감이 찾아올 때도 있죠. 누군가와 사랑을 속삭이며 다정하게 지내다가도 별것 아닌 한마디로 빈정이 상해 다투기도 합니다. 이런 순간에는 말이 곱게 나가지 못하기도 하죠. 물론 그 어떤 순간에도, 설령 싸우는 순간이라고 하더라도 서로가 정해놓은 선을 넘지 않으며 좋은 대화를 하는 것이 가장 이상적이겠지만 우리는 감정의 영향을 받는 인간이기에 이는 결코 쉽지 않은 일입니다. 그렇지만 평상시만이라도 좋은 대화를 위해 항상 노력한다면, 이렇게 격하게 싸우는 순간을 만날 확률은 현저히 낮아질 것입니다.

그런 이유로 이 책은 '아예 안 싸우는 방법'이라는 '이상'이 아닌 '덜 싸우는 방법'이라는 '현실'을 목표로 하고 있습니다. 막상 이 책을 쓴 저도 일상에서 누군가에게 잘못된 말들로 상처를 입히고 있을 겁니다. 저 또한 사람이니까요. 그래서 이 책을 보고 계실 여러분께 제가 전하고 싶은 메시지는 "저는 이렇게 완벽한 대화를 하고 있으니 당신도 꼭 이렇게 하셔야 합니다!"라는 강요의 말이 아닌 "저는 이렇게 대화하려고 노력하고 있으니 당신도 함께 노력해보시지 않겠습니까?"라는 권유의 말입니다. 중요한 건 완벽하고 완전한 좋은 대화를 하는 사람이 되는 것이 아니라 그런 사람이 되기 위해 노력하는 것이라고 생각합니다. 노력하지 않는 사람에게는 발전의 여지가 없지만 노력하는 사람은 분명히 더 좋은 모습으로 변화할 가능성이 있다는 말이니까요.

이 책에는 이해를 돕기 위한 실제 혹은 가상의 이야기들이 담겨 있고 그 이야기들 속에는 다양한 관계들이 등장합니다. 아내와 남편, 남자친구와 여자친구, 상사와 부하 직원, 부모와 자식 등입니다. 특히 남자와 여자, 어르신과 젊은이 같은 정반대의 특성을 가진 사람들 간의 이야기들로 예시를 들고 있습니다. 그리고 각각의 이야기 속에는 우리가 지양해야 할 나쁜 대화를 하는 사람이 등장하는데 그 사람이 때로는 남자이기도 하고 여자이기도 하며, 때로는 어르신, 때로는 젊은이이기도 합니다. 이는 모든 사람을 예시로 기술할 수 없는 현실적인 문제일 뿐 절대 특정 집단을 비난하려는 것이 아님을 말씀드립니다. 갈등을 없애기 위한 이야기를 하면서 새로운 갈등을 만들어서는 안 되니까요.

누구라도 나쁜 대화를 할 수 있고 누구라도 좋은 대화를 할 수 있습니다. 저는 좋은 대화는 나이, 성별, 종교, 출신 지역, 정치 성향, 경제력, 학력과 같은 인간이 가진 모든 요소들을 초월하여 사람이라면 누구나 갖춰야 할 덕목이라고 생각합니다. 이 책은 다름 아닌 '사람'에 대한 이야기입니다. 일상에서 만나는 모든 사람을 존중하겠다는 열린 마음으로 글을 읽어주신다면 이 책은 더욱 반짝이는 가치를 갖게 될 것이고, 문장 한 줄 한 줄을 써내려가며 정성을 쏟은 저는 더할 나위 없이 기쁠 것입니다. 부디 이 책이 남녀노소, 지위고하, 빈부귀천을 막론한 모든 사람의 책장 한편에 자리하게 되기를 바랍니다.

목차

---

1장

# 나의 품격을 높여주는 말투

---

## 2장

# 호감과 신뢰를 주는 말투

# 좋은 관계를 지키는 배려의 말투

# 나의 품격을 높여주는 말투

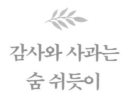

# 감사와 사과는
# 숨 쉬듯이

토요일 밤의 강남역 거리를 걸어본 사람이라면 알 것이다. 붐비는 사람들로 어떨 땐 내 의지대로 걸음을 옮기기가 힘들 정도다. 최대한 요리조리 몸을 움직여 마주 오는 사람들을 피하며 걸어보지만 사람이 워낙 많다 보니 본의 아니게 서로 어깨를 부딪히는 일이 종종 벌어지곤 한다. 방금도 반대편에서 오던 사람이 스마트폰을 보며 걷느라 나를 발견하지 못해 부딪히고 말았다. 하지만 이번에도 사과는 없었다.

이럴 때면 조금 억울한 기분이 든다. 나는 내 실수로 몸이 부딪힐 때마다 빠짐없이 "죄송합니다."라고 사과하는데 반대의 경우에는 사과를 받지 못하는 경우가 많기 때문이다. 오히려 날카로운 눈빛으로 쏘아보며 가기도 하고 당황한 표정을 지으며 멀어져 가는 사람도 있다. 반응은 다르지만 역시 미안하다는 말은 하지 않는다. 그럴 때면 '다들 왜 그러지. 미안하다고 한마디 하는 게 그렇게 어렵나?' 하는 생각이 든다.

우리가 감정을 드러내는 방법에는 여러 가지가 있다. 사람은 표정, 시선, 자세, 행동 등을 사용하여 자신의 생각과 감정을 다른 사람이 알 수 있도록 표현한다. 하지만 이런 다양한 방법들이 있다고 해도 '말'보다 효과적인 방법은 없다. 소위 말하는 비언어적 표현 방식은 그 표현을 받아들이는 사람의 판단이나 해석에 따라 의미가 달라지기 때문에 오해의 소지가 생기곤 한다. 다시 말해 내 의도가 정확히 전달되지 못할 가능성이 항상 존재한다. 내 어깨를 친 사람이 미안해하는 듯한 표정과 우물쭈물하는 행동을 보이며 멀어지는 모습을 보고 '아. 저 사람은 미안해하고 있구나. 그러니까 이해해야지'라고 생각할 수 있지만 그건 어디까지나 불확실한 나의 추측일 뿐이다. 반면에 말은 직관적이다. 추측과 해석이 필요 없다. 어깨를 부딪힌 사람이 "죄송합니다!"라고 말한다면 그건 그 사람이 미안해한다는 뜻이고 나는 분명히 사과를 받은 것이다.

좋은 소통을 위해 선택해야 하는 방법은 무조건 '말'이다. 말로 하는 표현 중에 절대로 생략해서는 안 되는 대표적인 두 가지가 바로 고마움과 미안함이다. 누군가에게 고마운 마음이 들었다면 반드시 고맙다고 말하는 것, 누군가에게 미안한 마음이 들었다면 반드시 미안하다고 말하는 것. 식상하게 느껴질 정도로 당연하고 뻔한 말이지만 이 두 가지 언어 표현을 하지 않아서 사이가 멀어지기도 한다. 내가 고맙다고 말하지 않고, 미안하다고 말하지 않으면 상대는 고마워하지 않고 미안해하지 않는다고 생각해서 서운한 마음을 가질 수밖에 없다.

좋은 대화를 위해서는 '감사의 말과 사과의 말을 절대 생략하지 않는다'라는 원칙을 세워야 한다. 아들이 아빠에게 한 달 동안 알사탕을 하나씩 열 번 줬다고 생각해보자. 보통 대여섯 번까지는 아빠도 고맙다고 말할 것이다. 하지만 일고여덟 번쯤이 되면 그냥 "응. 거기다 놓고 가!"라고만 대꾸하고, 여덟아홉 번쯤 되면 "아들. 사탕만 사오니? 아빠 단 거 별로 안 좋아하는데?"라고 시큰둥하게 말할지도 모른다. 물론 절반만 고맙다고 말하는 이 아빠가 나쁜 아빠인 것은 아니다. 고마운 마음은 가지고 있지만 사소한 선물이라는 생각, 반복된 일이라는 익숙함, 가족이라는 당연함 때문에 표현을 생략했을 뿐이다. 하지만 꼭 열 번 모두 "고마워!"라고 표현해주는 사람이 되자. 늦은 밤 공부하고 돌아온 나를 위해 자다 일어나서 밥을 차려주시는 엄마와 아빠에게, 야근

후 돌아온 나를 수고했다며 따뜻하게 안아주는 아내와 남편에게, 맞벌이하느라 잘 챙겨주지 못하는데도 건강하고 밝게 자라준 아이들에게, 길을 걷다 내가 흘린 지갑을 주워서 건네준 이름 모를 사람에게도 잊지 말고 고맙다고 분명히 말하는 것이 좋다.

미안할 때도 마찬가지다. 세상에 실수하지 않는 사람, 잘못을 저지르지 않는 사람은 없다. 의도와 상관없이 누군가에게 상처를 줄 수 있고 피해를 줄 수도 있다. 우리 모두는 완벽할 수 없기 때문이다. 이럴 때 자신의 잘못에 대해 그저 '미안한 마음'을 가지는 것으로는 부족하다. 그 마음이 겉으로 드러날 수 있도록, 그래서 내가 미안해하고 있다는 걸 상대가 명확히 알 수 있도록 언제든 사과할 줄 아는 사람이 되어야 한다.

언젠가 세 살이 된 딸을 데리고 집 앞 놀이터에 간 적이 있다. 그곳에는 초등학생으로 보이는 남자아이들 서너 명이 축구공을 가지고 놀고 있었다. 그러다 한 아이가 힘껏 찬 축구공이 우리 쪽으로 날아와 딸의 다리에 펑 소리를 내며 세게 부딪혔다. 물렁한 재질의 공이어서 다치지는 않았지만 딸은 크게 놀랐고 나도 깜짝 놀랐다. 공이 날아온 쪽을 보니 남자아이들이 바짝 얼어서 차렷 자세로 서 있었다. 나와 딸만큼이나 공을 가지고 놀던 아이들도 적잖이 놀란 모양이었다. 나는 웃는 얼굴로 공을 돌려주며 "괜찮아. 조금 조심히 놀자."라고 아이들을 달래주었고 공을 돌려받은 아이들은 다시 축구를 시작했다. 그런데 아이들 중 누구도 죄송하다고 말하지 않았다. 표정으로 보나 행동으로 보나 분명 아이들은 미안한 마음을 가진 듯했다. 하지만 미안하다는 말로 사과를 하지는 않았다. 이런 경우 사과를 받았다고 할 수 있을까? 표정이나 행동만으로 미안한 감정을 온전히 전달하기는 어렵다. 그러므로 꼭 말로 표현해야 한다.

그래서 나는 딸에게도 고마운 상황이나 미안한 상황을 마주했을 때 반드시 고맙다는 말과 미안하다는 말을 하도록 가르쳐준다. 그래서 실제로 딸아이는 누구에게라도 무언가를 받을 때는 "고마워!"라고 말하게 되었고 실수를 했을 때, 예를 들어 물을 쏟았거나 엄마 아빠를 때리는 장난을 쳤을 때는 빼놓지 않고 "미안해."라고 말하게 되었다.

하지만 사과에 익숙하지 않아서가 아니라, '사과하면 지는 것'이라고 생각하고 가만히 있는 사람들이 간혹 있다. 승패를 결정짓기 위해 팽팽한 기싸움이 벌어지는 스포츠 경기에서는 그런 이유로 사과하지 않는 걸 불문율로 여기는 경우도 종종 있다. 하지만 가족, 친구, 부부, 연인과의 관계는 승자와 패자가 존재하는 스포츠 경기가 아니다. 사과는 절대 패배를 의미하지 않는다.

사과는 두 가지 목적을 가진다. 하나는 사전적 의미대로 자기의 잘못을 인정하고 용서를 비는 행동을 함으로써 나로 인해 피해를 입은 상대방의 상처 입은 감정을 치유하는 것이다. 이것은 상대방을 위한 행위로서, 사과가 가진 본질적인 목적이다. 사과가 가지는 또 다른 목적은 상대에게 피해를 끼친 나의 불편한 마음을 해소하는 것이다. 정상적인 사람은 자신이 타인에게 피해를 끼쳤을 때, 많든 적든 어느 정도 괴로움을 느낀다. 상대에 대한 미안한 마음과 나에 대한 자책, 더 조심해야 했다는 후회 등이 만들어내는 괴로움이다. 이때 사과를 하지 않으면 이 불편한 감정이 해소되지 못하고 마음에 남게 된다. 내가 팀 스포츠 선수들을 대상으로 강의할 때 모든 팀원이 사과를 편하게 주고받아야 한다는 점을 강조하는 이유가 바로 여기에 있다. 내 실수로 인해 우리 팀이 실점을 했을 때 미안한 마음이 들었다면, 곧바로 동료들에게 사과를 해야 하고 동료들은 괜찮다는 말과 함께 사과를 받아주는 것이 좋다. 그래야 실수를 한 사람은 마음의 짐을 덜어내어 편안한 상태가 되고, 팀원들은 혹시나 있을지 모를 실수한 동료에 대한 원망이나 미움을 덜어내어 편안한 상태가 되기 때문이다. 이렇게 감정적으로 편안한 상태여야 그 뒤에 남은 경기를 불편한 마음 없이 잘 해낼 수 있다.

이렇듯 사과를 하고 용서를 받는 과정은 모두에게 좋은 일이다. 그래서 사과는 갈등을 해소하고 관계를 회복하는 첫 단추와도 같다. 특히 한국 사회에서는 나이가 많은 사람이 적은 사람에게, 직급이 높은 사람이 낮은 사람에게는 미안하다는 말을 생략하는 경우가 많다. 손윗사람으로서 손아랫사람에게 자신의 잘못을 인정하는 게 자존심이 상한다는 그 마음은 이해한다. 하지만 그 자존심 때문에 잘못을 하고도 사과할 줄 모르는 사람이 되어버리면 순간의 자존심보다 더 큰 것을 잃어버리게 된다는 사실을 잊지 말아야 한다.

＊————

좋은 대화를 위한 첫 번째 원칙은
'감사와 사과는 절대 빠트리지 않는 것'이다.
고맙다면 고맙다고, 미안하다면 미안하다고
분명히 말해야 한다.

# 인사만 잘해도
# 좋은 사람으로 기억된다

살면서 인사만큼 중요한 것이 또 있을까? 사적인 관계에서든 비즈니스 관계에서든 인사는 정말 중요하다. 10년 넘게 수많은 기업과 단체에서 많은 사람을 만나며 대화와 소통, 매너에 대해 강의하고 있는 사람으로서 남녀노소, 지위고하를 막론하고 내가 가장 강조하는 내용이 바로 인사다.

"저 친구는 참 인사성이 밝아. 사람이 정말 괜찮은 것 같아."

"쟤는 왜 사람한테 인사를 안 해? 무시하는 것도 아니고 기분 나쁘게."

한 번쯤은 이런 말을 들어보았거나 해본 적이 있을 것이다. 이는 누군가의 태도나 인성을 평가하는 데 있어 인사만큼 중요한 것도 없다는 사실을 잘 말해준다.

누구를 만나든 인사를 잘하는 사람은 어디서나 사랑을 받고 누구에게도 인사를 하지 않는 사람은 어디서도 환영받지 못한다. 절대 과장이 아니다. 오직 인간만이 '말'을 통해 인사를 건네기 때문에, 인간 사회에서 인사는 그 어떤 행동보다 큰 의미를 갖는다. 인사를 한다는 건 상대를 존중한다는 뜻이고 반대로 인사를 하지 않는다는 것은 그 사람을 무시한다는 뜻이 될 수 있다. 그래서 인사는 결코 가볍고 단순한 행동이 아니다. 바로 이것이 우리가 인사를 소홀히 해서는 안 되는 이유이며 인사가 모든 조건을 넘어 사람이라면 누구나 갖춰야 할 소통의 기본이자 핵심이 되는 이유다.

"인사성 참 밝다.", "인사 참 잘한다."라는 말을 들을 정도로 좋은 인사를 하려면 두 가지 요소를 신경 써야 한다. 한다. 첫 번째는 '양', 즉 많이 하는 것이다.

당연한 이야기지만 인사를 많이 해야 인사하는 모습을 자주 보여줄 수 있고, 그만큼 다른 사람들의 눈에도 띌 수 있다. 인사를 자주, 많이 하는 사람은 인사의 대상으로 생각하는 사람의 범위가 넓기 때문에 그만큼 인사를 건넬 기회도 많다. 그들은 아파트 엘리베이터에 함께 탄 이름 모를 동네 주민에게, 외출할 때 마주친 옆집에 배달 온 우체부 아저씨에게, 회사 화장실을 이용하다가 만난 청소 담당자에게, 버스에 올라타면서 운전기사에게, 편의점에 들어가면서 알바생에게 인사를 하는 등 자신과 직접적인 관계가 있는 사람들뿐만 아니라 일상에서 마주치는 모든 사람과 인사를 나눈다. 이해관계가 얽혀 있지도 않고 삶에 큰 영향을 미치지 않는 사람이지만 자신의 일상에 존재하는 모든 사람에게 존중의 마음을 표현하는 멋진 태도를 가진 사람들이다.

두 번째는 '질', 즉 먼저 하는 것이다. 하루에 100번이라는 엄청난 양의 인사를 하더라도 만약 그 인사가 모두 남이 한 인사에 대한 답인사라면 그건 인사성이 좋다고 할 수는 없다. 누군가가 내게 인사를 했는데 답인사를 하지 않는다면 그건 상대방을 무시하는 아주 무례한 태도이기 때문이다. 그러므로 당연히 해야 할 일을 하는 것을 두고 인사를 잘한다고 말하긴 어렵다.

먼저 인사를 잘하는 사람들은 남이 나에게 먼저 인사를 했는지, 남이 나를 보고 있는지, 내 목소리가 남에게 닿는지 개의치 않는다. 대신 인사를 할 수 있는 대상을 발견하면 일단 인사를 던지고 본다. 고개를 숙인 채 낙엽을 쓸고 있는 경비원의 등을 향해 "안녕하세요."를 먼저 외치고 지나가는 주민들, 등굣길에 집을 나서며 만난 알지 못하는 이웃을 향해 "안녕하세요."라고 먼저 말하는 학생들, 버스를 타면서 운전기사가 인사를 건네지 않아도 먼저 "안녕하세요."라고 말하는 승객들. 이런 태도가 인사를 잘하는 사람들의 특징이다. 이런 사람들은 설령 자신의 인사를 상대가 못 보고 못 듣는다고 하더라도 '그럴 수도 있지'라고 생각하며 별로 상처받지 않는다. 그러려니 하며 대수롭지 않게 넘기기 때문에 실망하지도 않고 인사의 동력을 잃지도 않는다. 그러니 좋은 인사를 하고 싶다면 '먼저', '많이' 하는 것이 좋다.

사실 인사의 중요성은 어릴 때부터 많이 듣고 배우기 때문에 이를 모르는 사람은 거의 없다. 특히 아이를 키우는 부모들은 자녀의 인사성을 중요하게 여긴다. 인사는 분명 좋은 태도고 자녀들에게 좋은 것을 주고 싶은 부모의 마음은 모두 같기 때문에 어렸을 때부터 인사 교육을 시키는 부모들이 많다. 꼭 기억해야 할 점은 인사를 포함한 인성 교육의 핵심은 '솔선수범'이라는 것이다. 나 또한 아주 어렸을 때부터 아이에게 예의와 예절을 가르쳤다. 그중에서도 가장 신경 쓴 부분은 인사다. 식당에서 식사를 마치고 계산을 할 때면 나는 직원분께 잘 먹었다, 감사하다는 인사를 건네며 아이에게도 항상 "은유야, 인사드려야지." 하고 인사를 반복적으로 시켰다. 그래야 인사가 습관처럼 자연스럽게 자리 잡기 때문이다. 인사를 받은 직원분도 "아이고. 예뻐라. 인사도 잘하네. 잘 가~."라고 아이의 인사를 즐겁게 받아준다.

그런데 가끔 보면 아이에게는 인사를 시키면서 정작 그 부모는 인사를 하지 않는 경우가 종종 있다. 엄마 아빠가 집에 돌아오면 어디에 있든지 문 앞으로 나와 "다녀오셨어요."하고 인사를 해야 한다고 철저히 예절 교육을 시키는 부모가 있다. 하지만 그런 부모가 정작 아이들이 집에 들어올 때는 문 앞에 나와 인사를 건네지 않는다. 이런저런 일로 바쁜 부모가 일일이 문 앞에 나와 아이를 맞이하기는 힘들다고 쳐도 학교에서 돌아온, 유치원에서 돌아온, 퇴근하고 돌아온 자녀를 향해 잘 다녀왔냐는 인사 한마디 건네지 않는 경우도 많다.

예를 들어 이른 아침, 잠에서 깬 아이가 거실로 나오는 걸 보고 아이의 아빠가 말한다.

"아들! 왜 인사 안 해. 아침에 아빠를 봤으면 안녕히 주무셨어요~ 하고 인사를 해야지."

그 말을 들은 어린 아들이 "안녕히 주무셨어요." 하고 인사하자, 인사를 받은 아빠가 말한다.

"그래. 그렇게 해야지. 아빠가 말하기 전에 알아서 잘 좀 해. 얼른 씻어."

아빠는 아들에게 인사를 받기만 하고 자신은 인사를 하지 않았다. 이런 사례들이 솔선수범이 배제된 인성 교육이다. 어른들의 이런 교육은 효과를 장담할 수 없다. 아이가 어릴 때는 바로 옆에서 엄마 아빠가 시키기 때문에 교육이 효과를 발휘한다. 하지만 아이가 자라서 자아가 생기는 순간이 오면 "매번 나한테만 시키고 엄마 아빠는 안 하잖아? 뭐야. 이런 법이 어딨어. 나도 이제 안 해!"라고 생각할 수 있다. 그렇게 되면 예의를 갖추자고 하는 교육이 오히려 아이를 예의에서 더 멀어지게 하는 역효과를 부른다.

인사뿐만 아니라 태도와 인성 교육도 마찬가지다. 물론 현실적으로 어른이라서 할 수 있는 일과 아이라서 해서는 안 되는 일도 존재한다. 세상 모든 일에 대해 "엄마 아빠도 안 하면서 왜 나한테만 하라고 해요!"라는 논리를 적용할 수는 없다는 말이다. 하지만 적어도 이 책에서 이야기하는 소통과 태도, 인성의 측면에서는 일관성이 있어야 한다. 식당 직원에게 부모가 먼저 "잘 먹었습니다. 안녕히 계세요."라고 인사한 뒤에 아이에게도 인사를 시켜야 옳다. 집에 돌아온 아이를 향해 부모가 인사하고 반응하면서 아이들에게도 동일한 태도를 가르쳐야 한다. 아침에 아이를 보면 부모가 먼저 "우리 아들! 잘 잤어?"라고 한 뒤에 "아빠한테도 인사해줘야지."라고 말해야 한다. 그래야 엄마 아빠가 하는 그 행동이 '좋은 행동'이라는 것을 이해하고 자신이 왜 그 행동을 해야 하는지 납득할 수 있다. 이런 이유로 인사를 잘하고 인성이 좋은 사람이 있다면 그 사람의 부모 역시 인사를 잘하고 좋은 인성을 가지고 있을 확률이 높다.

인사는 돈이 드는 일도, 힘들고 괴로운 일도 아니다. 횟수의 한도가 정해진 것도 아니니 아껴서 할 필요도 없다. 그저 타인을 존중하는 마음과 그 마음을 표현하려는 약간의 의지만 있다면 누구나 인사성 밝은 사람이 될 수 있다. 그리고 그런 사람은 어디서나 사랑받을 수 있다.

＊————

오직 인간만이 '말'을 통해 인사를 건넨다.
인사를 잘하는 사람은 어디서나 사랑받고
누구에게도 인사를 하지 않는 사람은
어디서도 환영받지 못한다.

# 내가 할 말만 하는 대화는
# 대화가 아니다

대화를 할 때 상대의 말을 끝까지 듣지 않고 중간에 끊는 사람들이 종종 있다. 그런 사람들은 몇 가지 특징을 가지고 있는데 첫 번째가 급한 성격이다.

성격이 급한 사람들은 모든 일을 빨리 진행하려는 경향이 있어서 대화에서도 좀처럼 '천천히'가 없다. 이들은 말의 속도뿐만 아니라 말을 하는 타이밍도 빠르다. 상대의 말이 끝나면 내가 말을 하고, 내 말이 끝나면 상대가 말하는 것이 보통의 대화 순서지만 이들은 이 타이밍이 보통 사람보다 조금 빠르다. 그래서 종종 상대의 말을 중간에 끊으며 심지어는 "그래서 결론이 뭔데?", "뭘 말하고 싶은 거야?"라는 표현으로 상대의 말을 아예 생략해버리려 한다. 상대가 하려는 전체 이야기를 들으려 하지 않는 이러한 태도는 누구에게든 무례하게 느껴진다.

두 번째 특징은 상대의 말이 끝나기도 전에 내가 할 말부터 생각한다는 것이다. 그러니까 상대의 말을 귀 기울여 듣는 것이 아니라 상대의 말과 상관없이 일단 내가 하고 싶은 말을 머릿속에서 준비한다는 뜻이다. 이런 사람들은 내가 해야 할 말이 머릿속에 딱 정해지면 더 이상 상대의 말을 들으려 하지 않는다. 이런 대화는 태도뿐만 아니라 내용적인 측면에서도 좋지 않다. 상대의 말을 다 듣고 그 내용을 바탕으로 나의 말을 하는 것이 자연스러운 대화인데, 상대의 말이 끝나기도 전에, 그러니까 내용을 끝까지 확인하기도 전에 내 말을 하면 대화의 결이 어긋날 가능성이 크다. 내가 하고 싶은 말만 하는 이기적인 대화의 대표적인 문제점이다.

세 번째는 상대방의 말에 반대 의견을 표하는 데 주저함이 없다는 것이다. 보통 다른 사람의 말을 끊는 이유는 상대의 말에 동의하거나 동조하기 때문이 아니라, 상대의 말을 부정하고 거부하고 싶기 때문이다. 동의와 동조는 대개 "맞아", "내 말이" 같은 짧은 추임새 형태로 잠깐씩 등장하지만 부정이나 거부는 반대되는 자신의 의견을 주장하려는 욕구가 크기 때문에 상대의 말을 끊고 자신의 의견을 길게 말하는 식으로 나타난다. 상대의 말을 충분히 다 듣고 자신의 의견을 말해도 되는데 나와 다른 의견을 듣는 것 자체가 유쾌한 일이 아니다 보니 말을 중간에 끊는 행동을 자꾸 하게 되는 것이다.

사실 세 가지로 구분짓기는 했지만 말을 습관적으로 끊는 사람은 이 세 가지 특성을 고루 가졌을 확률이 높다. 하지만 그렇다고 해서 말 끊는 습관을 가진 사람을 전부 나쁜 의도를 가진 사람으로 단정 지어서는 안 된다. 악의 없이 말 그대로 '나도 모르게' 하는 습관일 수 있기 때문이다. 따라서 말을 끊는 나의 행동이 상대에게 어떤 부정적인 기분을 전달하는지 이해하고 그 행동을 바꾸기 위해 노력하는 것이 중요하다.

인간의 습관이란 참으로 무서워서 몇 번의 노력을 하는 정도로는 고치기가 매우 힘들다. 대화할 때 상대의 말을 끊지 않는 습관을 들이는 것도 그래서 의식적인 노력이 필요하다. '말 끊지 말아야지. 끝까지 들어야지'라고 생각하며 대화에 임해야 한다. 아무리 사소한 대화라도 이 점을 항상 염두에 두고 말해야 한다. 그렇게 마음을 먹어도 의식하지 않으면 어느샌가 말을 끊고 있는 나를 발견하게 될지도 모른다. 그러므로 말을 끊는 습관을 고치고 싶다면 상대의 말을 끝까지 경청하는 좋은 행동이 습관으로 자리 잡을 때까지 의식적으로 노력하며 대화해야 한다.

이때 토킹 필로우talking pillow를 활용하는 게 도움이 된다. 토킹 필로우는 자꾸 말을 끊는 아내의 습관으로 고민하던 한 지인에게 내가 제안했던 방법이다. 지인의 아내는 말을 항상 중간에 끊는 버릇이 있었다. 싸울 때는 물론이고 평상시에도 습관처럼 지인의 말을 끊곤 했는데, 당하는 입장에서는 그게 도통 적응이 안 되었다고 한다. 그런 식으로 대화하다 보면 자기 뜻이 온전히 전달되지도 않을 뿐더러 무시당하는 기분까지 들어, 그는 아내가 그 습관을 꼭 고쳤으면 했다.

이런 고민을 토로하는 그에게 나는 미국 드라마 〈브레이킹 배드〉에서 보았던 방법을 알려주었다. 그 드라마에서는 한 가족이 소파에 둘러앉아 불편한 이야기를 하며 가족 회의를 하고 있었다. 서로 완전히 다른 의견을 가지고 있었던 그들은 작은 쿠션을 하나 준비해서 그 쿠션을 들고 있는 사람만이 말할 수 있다는 규칙을 세웠다. 쿠션을 갖고 있지 않은 사람, 즉 차례가 오지 않은 사람은 상대의 말을 무조건 끝까지 들어줘야 한다. 쿠션을 차례로 옆 사람에게 넘기며 모두가 마음껏 자기 의견을 말할 수 있도록 하는 방법이었다.

지인은 바로 작고 예쁜 쿠션을 하나 준비해 아내에게 건네며 이 방법에 대해 말해주었다고 한다. 그의 아내는 재밌겠다며 선뜻 응해주었다. 토킹 필로우는 곧바로 효과를 발휘했다. 그가 쿠션을 안고 이야기를 하는 동안 아내는 평소와 다르게 그의 말을 끊지 않았다. 그 역시 아내가 쿠션을 안고 말하는 동안에는 절대 끊지 않고 끝까지 들어주었다. 얼마 전에 만난 그는 이제 쿠션이 없어도 서로의 말을 끊지 않게 되었다며 행복한 미소를 지었다.

나중에 알게 된 사실이지만, 이 '토킹 필로우'는 사실 아메리카 원주민 이로코이족의 회의 방식에서 유래된 대화법이다. 이로코이족은 회의 때 막대기를 사용하여 발언권을 부여했고, 다른 사람들은 경청하게 했다. 이때 쓰는 막대기를 토킹 스틱Talking stick이라 한다. 고작 작은 쿠션이나 막대기 하나가 무슨 힘을 발휘할 수 있을까 싶지만, 이렇게 눈에 보이는 물체에 머릿속 의식을 투영하면 행동의 강제성이 더 커지기 때문에 의외로 효과가 좋다. 또 상대방은 누군가가 나의 말을 끝까지 들어주기 위해 이렇게까지 노력하는 모습을 보면서 그 자체로 존중받는다는 느낌을 받을 수 있다. 내가 당신을 위해 노력하고 있다는 사실을 숨기지 말고 적극적으로 드러내야 하는 이유다. 꼭 쿠션이 아니어도, 쉽게 손에 쥘 수 있는 물건이라면 무엇이든 의미를 부여하여 사용하면 된다.

내 말을 툭하면 끊는 사람과 대화하고 싶어 하는 사람은 없을 것이다. 자기 말을 하기 위해 남의 말을 끊는 것은 이기적인 행동이기 때문이다. 말을 끊는다는 건 상대의 생각과 마음을 부정하는 동시에, 대화의 관계마저 단절시키는 행위다. 무심코 하는 나의 작은 습관이 다른 사람에게 상처를 준다면, 남을 생각하지 않는 이기적인 사람으로 만든다면 반드시 노력해서 고쳐야 한다. 우리는 감정이 없는 로봇이 아니라 인격을 가진 따뜻한 사람과 대화하는 것이니까 말이다.

＊───────

자기 말을 하기 위해 남의 말을
함부로 끊는 것은 이기적인 행동이다.
상대의 말을 끝까지
경청하는 습관이 자리 잡을 때까지
의식적으로 상대의 말을 기다리는 연습을 하자.

# 존중받고 싶다면
# 먼저 존중을 담아 부를 것

오늘날 세상을 살아가는 모든 사람은 자신만의 호칭을 가지고 있다. 사람이 가지는 대표적인 호칭은 바로 이름이다. 우리 모두는 누군가를 이름으로 부르고 누군가에게 이름으로 불린다. 내 이름을 가지고 있고 그 이름으로 불린다는 것은 곧 하나의 인격체로서 존재함을 의미한다.

그래서 다른 사람이 나를 이름 대신 "야!"라고 부르면 우리는 불쾌함을 느낀다. 내가 가진 고유의 '호칭'으로 나를 부른 것이 아니라 "야!"라는 '소리'로 나를 불렀기 때문이다. 비슷한 표현으로는 "어이!", "이봐!" 등이 있다.

인격적으로 존중하지 않는 호칭을 듣고 싶은 사람이 과연 있을까? 그러니 사람을 부를 때는 이런 호칭들로 부르는 것을 삼가야 한다. 설령 그 사람이 나보다 나이가 어리거나 직위가 낮더라도, 길에서 스쳐 지나가는 일면식 없는 남일지라도 말이다. 가까운 사이에서도 마찬가지다. 평상시에는 '자기야', '여보', '아들', '딸', '언니', '오빠', '형', '누나' 같은 서로의 호칭을 잘 쓰다가도 갈등이 생겨 싸우는 순간이 찾아오면 갑자기 호칭을 버리고 "야!"라고 쏘아붙이며 험한 말들을 쏟아내는 경우가 있다. 한쪽이 "야!"라고 호칭을 바꾸기 시작하면 상대방은 "야? 너 지금 야라고 했어?"라며 바뀐 호칭에 대해 불쾌감을 드러내고 그때부터 싸움은 걷잡을 수 없을 정도로 커지게 된다. 사람과 사람 사이의 호칭은 이렇게나 중요하다.

이처럼 모든 사람은 태어나면서부터 자연스럽게 이름이라는 기본적인 호칭을 갖게 되지만 오직 하나의 호칭만을 갖고 살아가지는 않는다. 사회생활을 하면서 얻는 또 다른 호칭들이 있기 때문이다. 전자가 선천적으로 부여되는 사적 호칭이라면 후자는 사회 활동을 하면서 후천적으로 부여받는 공적 호칭이라고 할 수 있다. 내가 가진 사회적 역할, 즉 직업에 따라 갖게 되는 호칭이다. 일반 직장에서 전통적으로 직위를 나타낼 때 쓰는 대리, 과장, 부장 등의 호칭들도 있고 시대 변화에 따라 프로, 수석, 선임, 매

니저 등 새롭게 생겨난 호칭들도 있다. 그 외에도 다양한 직업에 따라 교사, 작가, 디자이너, 요리사, 변호사, 의사, 간호사, 승무원, 경찰관, 소방관 등의 호칭을 비롯해 큰 사업부터 작은 장사까지 두루 사용되는 사장이라는 호칭도 있다. 사적인 영역과 관계에서 이름을 불러 상대를 부르는 것이 존중의 표현이듯 공적인 상황과 관계에서는 그 사람의 사회적 역할에 따라 부여되는 공적 호칭 뒤에 '님'을 붙여 부르는 것이 존중의 표현이 된다.

그렇다면 사적 호칭과 공적 호칭이 동시에 존재하는 상황에서는 어떤 호칭으로 불러야 할까? 직업인으로서 역할을 수행하는 상황이 두 호칭이 동시에 존재하는 대표적인 경우인데, 이런 경우에는 당연히 공적 호칭을 부르는 것이 존중의 표현이다. 환자가 병원에서 의사나 간호사를 '아가씨'라거나 '아줌마', '총각'이나 '아저씨'라고 부르면 안 되는 이유가 바로 이것이다. 젊은 여성 혹은 젊은 남성, 나이 든 여성 혹은 나이 든 남성으로서가 아닌 의사와 간호사로서 그들을 바라봐야 하기 때문이다.

의료 현장에서 일하는 많은 간호사들이 힘들어하는 부분도 바로 이 호칭에 대한 것이었다. 강의를 하다 보면 다양한 직업군의 사람들을 만나게 되는데, 한 간호사분께 다음과 같은 이야기를 들었다. 그분은 간호사로서 자기 직업에 대한 애정과 투철한 사명감을 가지고 일하는 분이었는데, 환자들과 환자 가족들로부터 감사하다는 말을 들을 때도 많지만 반대로 기분이 썩 좋지 않은 순간들도 있다고 했다. 바로 간호사가 아닌 다른 호칭으로 불릴 때다. "저기!", "이봐!", "언니", "누나" 등 별의별 호칭이 난무하는데 가장 많이 듣는 말은 역시 '아가씨'라고 한다. 같은 의미로 나이가 많은 선배 간호사들은 '아줌마'라는 호칭을, 동료 남자 간호사는 '아저씨'라는 호칭을 자주 듣는다고 했다. 물론 모든 환자가 나쁜 의도로 그렇게 부르는 것이 아님을 잘 알기에 이해하고 넘어가지만 가끔 무례한 태도와 함께 '아가씨'라고 부르는 환자들을 만날 때는 내가 왜 이런 대접을 받고 있나 하는 자괴감과 함께 욱하는 감정이 치밀어 오르기도 한다고 고백했다.

사적인 호칭을 사용하는 것뿐만 아니라 그 사람이 버젓이 가지고 있는 공적 호칭을 부르지 않는 것도 무례한 행동이 될 수 있다. 기업 강연을 다니며 만나는 사람들 중에는 20~30대의 젊은 대표님들도 있다. 그분들이 자주 하는 하소연도 바로 호칭에 대한 것이었다. 비즈니스와 관련된 모임, 그러니까 여러 회사 대표들이 모이는 자리에 갔을 때 나이와 상관없이 철저하게 '대표님'이라고 불러주는 사람들이 있는가 하면 분명히 대표라고 소개를 했는데도 직함이 아닌 이름 뒤에 씨를 붙여서 꼬박꼬박 '○○ 씨'라고 부르는 사람들이 있다는 얘기였다. 물론 '○○ 씨'도 사람을 높이거나 대접하여 부르는 방식이기는 하지만, 대표라는 공적인 직함이 엄연히 있고 그런 호칭을 써야 하는 상황에서 사적인 호칭인 '씨'로 불리면 당사자는 그 자체로 존중받지 못한다는 느낌을 받을 수밖에 없다.

자녀들이 다니는 유치원이나 학교에 방문해서 선생님을 만나는 학부모들에게서도 종종 같은 모습을 발견할 수 있다. 원장 선생님이나 교장 선생님처럼 직위가 높은 사람들에게는 공적 호칭을 잘 사용하면서도 옆에 서 있는 나이 어린 교사나 신입 교사들에게는 '선생님'이라 하지 않고 '○○ 씨'라고 부르는 것이다. 직위의 차이는 있을지언정 엄연히 같은 교사인데 말이다.

물론 호칭 하나로 그 사람의 됨됨이를 단정할 수는 없다. 당연히 상대방이 느낄 감정을 미처 알지 못한 채 실수를 하는 사람도 있다. 하지만 자신보다 어린 나이나 부족한 경력을 이유로 그 사람을 대표로 인정하지 않겠다는, 그 사람을 선생님으로 높이지 않겠다는 의지를 담아 나쁜 의도로 호칭을 사용하는 사람도 분명 있다. 나쁜 의도라면 더 말할 것도 없고, 설령 실수라도 상대에게 무례한 행동을 했다는 사실에는 변함이 없다.

같은 사람이라도 길에서 지나치는 모르는 사람으로 만났을 때와 직장에서 만났을 때의 호칭은 달라야 한다. 이른 아침 출근길에서는 아줌마, 아저씨이지만 병원에 도착해서 유니폼을 입는 순간부터는 의사 선생님, 간호사 선생님이 되고, 길 위에서는 총각, 아가씨이지만 회사에서 업무를 하는 동안은 대리, 과장이 된다. 모든 사람은 존중받아야 한다. 그리고 장소와 상황에 알맞은 존중을 받아야 한다. 내가 쓰는 호칭이 누군가를 멋진 직업인으로 만들기도 하고 동네 아줌마, 아저씨로 만들 수도 있다는 것을 기억하자. 상황에 맞게 타인을 존중할 줄 아는 사람은 정중한 멋을 가진다. 당신이 그런 멋진 사람이라면 당신을 만나는 모든 사람은 행복할 것이고 당신은 어디서나 환영받을 것이다.

＊ ————

대부분의 사람은 사적 호칭과
공적 호칭을 가지고 있다.
내가 쓰는 호칭이 상대를
멋진 직업인으로 만들기도 하고,
평범한 동네 아저씨, 아줌마로 만들기도 한다.

# 좋은 반말과
# 나쁜 반말을 구별하기

회사 마케팅 부서에서 일하는 남자는 한 달에 한 번씩 소비자들을 회사 연수원에 초대해서 정기적으로 교육과 홍보를 목적으로 하는 행사를 진행한다. 회사 제품 특성상 행사 참가자들은 대부분 나이가 많은 분들이고 회당 참가 인원만 해도 100명이 넘는다.

이틀간 진행되는 행사라 참가자들이 연수원에 도착하면 일일이 숙소 키를 나누어주며 간단한 안내사항을 전달하는 것으로 행사가 시작되는데, 이때부터 무례한 사람들이 여기저기서 나타난다. 처음 만난 그에게 다짜고짜 말을 놓는 것이다. "밥은 어디서 먹나?", "방 좀 바꿔줘.", "내일 몇 시에 일어나야 돼?" 등등. 물론 대다수의 분들은 정중하게 존댓말을 쓰지만 반말을 하는 사람의 숫자도 적지 않다는 게 문제다. 참가자들보다 어리긴 해도 엄연히 이 행사를 주최하는 회사의 직원인데 이렇게 함부로 말을 놓는 것이 별로 기분이 좋지 않다. 마흔 줄에 들어선 자신에게도 이러는데, 팀의 20~30대 직원들에게는 오죽할까 싶은 생각도 든다.

한국어만큼 존댓말과 반말이 명확히 구분되어 있는 언어도 아마 없을 것이다. 그래서 우리는 아주 어렸을 때부터 존댓말과 반말을 구분해서 써야 한다는 교육을 받으며 자란다. 부모라면 누구나 아이에게 "어른한테는 '응'이 아니라 '네'라고 해야지!"라든가 "어른한테는 '내 거야'가 아니라 '제 거예요'라고 해야 하는 거야!" 같은 말을 한 번쯤은 해봤을 것이다. 그만큼 우리는 존댓말과 반말의 적절한 사용을 매우 중요하게 여긴다.

사람을 높여 이르는 말인 존댓말에 신경을 쓴다는 것은 분명 인간적으로 좋은 미덕이다. 그렇다면 그 반대의 의미를 가지는 반말은 어떻게 사용해야 할까. 반말의 사전적 의미는 상황에 따라 두 가지로 나뉜다. '관계가 분명치 아니하거나 매우 친밀할 때 쓰는, 높이지도 낮추지도 아니하는 말'과 '손아랫사람에게 하듯 낮추어 하는 말'이 그것이다. '높이지도 낮추지도 않은 말'과 '낮추는 말'은 의미가 완전히 다른데, 전자가 '친밀함'이라는 긍정적인 의미를 갖는다면 후자는 '하대'라는 부정적인 의미를 갖는다. 존댓말의 반의어로서의 반말은 후자의 의미라고 볼 수 있다. 하지만 반말이 가지는 이 두 가지 의미 때문에 일상의 대화에서 여러 문제가 발생하곤 한다.

존댓말과 반말의 사용은 기본적으로 나이에 따라 결정된다. 나이가 적은 사람이 나이가 많은 사람에게 존댓말을 쓰는 것이 일반적이다. 반대로 나이가 많은 사람이 적은 사람에게 반말을 쓰는 것도 일반적으로 받아들여진다. 그런데 여기서 주목해야 할 점은 나이가 적은 쪽은 반드시 나이가 많은 쪽에게 존댓말을 써야 하지만 나이가 많은 쪽이 적은 쪽에게 반말을 쓰는 건 '선택'이라는 사실이다. 연장자는 연소자에게 반말을 쓸 수도, 존댓말을 쓸 수도 있다.

그래서 멋지게 존댓말을 쓰는 손윗사람들의 공통점은 현명한 선택을 한다는 데 있다. 나이가 어리면 무조건 반말을 해도 된다고 여기는 사람은 절대 이런 현명한 연장자가 되지 못한다. 예를 들어, 길에서 마주친 젊은이에게 "이봐! 지하철역은 어디로 가면 돼?"라고 물을 수도 있지만 "실례합니다. 혹시 지하철역으로 가려면 어디로 가면 되나요?"라고 물을 수도 있다. 식당에서 자신보다 한참 어린 직원에게 "여기! 소주 한 병!"이라고 주문할 수도 있지만 "여기요. 소주 한 병 주세요."라고 주문할 수도 있다(참고로 문장이 아닌 단어만 말하는 것도 반말의 의미를 갖는다). 이때 각각 후자의 현명한 선택을 하는 연장자는 자신보다 나이가 한참 어리더라도 개인적으로 잘 모르는 사람에게는 존댓말을 사용하겠다는 마음을 가진 멋진 사람이다.

누군가는 나이가 한참 어린 사람에게 반말하는 게 뭐가 문제가 되느냐고 생각할 수도 있다. 그리고 실제로 일상에서 낯선 어르신의 반말을 들은 젊은이도 이를 문제 삼지 않고 자연스럽게 넘기는 편이다. 하지만 그냥 넘어간다고 해서 그게 당연한 일이 되는 것은 아니다. 누군가는 분명 불쾌감을 느낄 수 있다. 그렇기에 '현명한 어른'은 친분 관계가 없는 낯선 사람에게는 철저하게 존댓말을 쓰는 안전한 선택을 한다.

앞서 이야기한 대로 반말은 '친근함'과 '하대'라는 상반된 두 가지 의미를 지닌다. 그러다 보니 그 경계가 모호해서 둘 중에 어떤 의미로 사용하는지 상대방이 알아차리지 못할 수도 있다는 문제가 있다. 나는 친근함의 표현으로 반말을 사용했지만 상대방은 하대로 받아들일 수 있는 위험이 존재하는 것이다.

영화 〈기생충〉을 보면 반말의 모호함이 잘 드러나는 장면이 나온다. 영화 속 부잣집 사모님 연교(조여정 분)와 그 집 아들의 미술 선생님으로 일하는 기정(박소담 분)의 대화를 보면 두 사람이 존댓말과 반말을 교묘하게 섞어서 사용하고 있다는 사실을 알 수 있다. 두 사람이 처음 만난 날, 아이에 대해 얘기하면서 기정은 전체적으로는 존댓말을 쓰지만 중간에 두 번 말을 놓는다. "그럼 우측 하단 이쪽 부분을 스키조프레니아 존이라고 해서 신경 정신과적 징후가 잘 드러나는 곳으로 보거든."에서 한 번, 아이의 과거를 얘기하며 울먹이는 연교를 향해 "진정하세요. 침착하자!"라고 하는 장면에서 두 번째로 반말을 쓴다. 그리고 이어진 장면에서 기정은 가족들과 밥을 먹으며 욕설 섞인 말로 연교를 비하한다.

다음 장면에서 다시 만난 두 사람의 대화에서도 반말이 등장하는데 이때는 연교도 "아유. 우리 제시카, 아직 어려서 뭘 몰라. 순수해! 사람 많이 안 겪어봐서.", "어머, 상당히 관심이 가는데 만나 뵐 수 있을까 혹시?"라며 반말을 중간중간 사용한다. 그리고 기정은 이 장면에서 좀 더 노골적으로 반말을 쓴다. "근데 기사님은 원래 나이 드신 분들이 좀 더 낫지 않나?"라든가 "만나 뵐 수 있을까 혹시?"라는 연교의 말에 "아. 진짜?"라고 대꾸하는 식이다.

추측해보자면 연교의 반말은 자신보다 나이가 어린 미술 선생님에게 친근함을 표현하기 위해 쓴 것이었다면 기정의 반말은 집주인을 향한 무시와 하대의 의미로 쓰였을 가능성이 높다. 실제로 기정은 시종일관 집주인 가족들을 거친 말로 무시하고 비난한다. 이런 기정의 캐릭터를 극대화해주는 좋은 수단이 존댓말과 반말이었던 것이다.

그래서 친근함을 전하는 반말은 이미 친분이 생겼다는 사실을 서로가 인정한 관계에서만 사용하는 것이 좋다. 낯선 사람에게 친근한 반말을 써 버리면 내 의도와는 다르게 '언제 봤다고 반말이야?' 같은 불쾌한 반응을 일으킬 수도 있으니 지양해야 한다.

지금까지 반말을 부정적으로 쓰는 사례를 위주로 이야기했지만 사실 친근감을 나타내는 반말은 일상에서 긍정적인 감정을 전달하기도 한다. 나이가 많은 어른들이 나이가 아주 어린 아이들에게 다정하고 친근하게 반말을 건네도 별 문제가 없다. "와. 인사도 잘하고 너무 착하다. 몇 살이야?"라고 웃는 얼굴로 애정 어린 대화를 건네는 사람을 향해 왜 처음 본 아기한테 반말을 하냐고 따지는 사람은 없다. 그런 의미에서 존댓말, 반말과 관련해서 가장 중요한 건 어쩌면 서로를 이해하는 마음일지도 모르겠다.

이런 경우가 아니라면 나이와 직위에 관계없이 타인에게 최대한 존댓말을 사용하는 것이 상대방의 인격과 정서를 고려한 멋진 존중의 표현임을 기억하고 실천해보자. 그리고 말을 듣는 입장이라면 반말에 무조건 예민하게 반응하여 불쾌감을 드러내는 대신 상대의 의도와 태도를 고려하여 현명하게 판단해서 받아들이는 것도 좋다. 나에게 나이가 지긋하신 초면의 어르신께서 웃는 얼굴과 따뜻한 말투로 반말을 하신다면 나는 괜찮다. 하지만 무표정한 얼굴과 무례한 말투로 반말을 하신다면 불쾌함을 느낄 것이다.

진정한 존중은 어느 한쪽에게만 요구되는 행동이 아니라 서로 주고받는 것이다. 그래서 존중은 언제나 상대를 이해하는 마음을 바탕으로 이루어져야 한다. 존댓말과 반말에 대한 현명한 이해가 당신을 존중할 줄 아는 멋진 사람으로 만들어줄 것이다.

✳ ─────

가장 멋진 존중은 단순히
존댓말을 하느냐 반말을 하느냐가 아니라
상대방을 이해하는 마음에서 드러난다.

# 상대의 질문에
# "왜?"로 되묻지 마라

우리가 대화를 하는 여러 목적 중 하나는 바로 정보 교환이다. 우리는 대화를 통해 나의 정보를 상대에게 알려주기도 하고 상대의 정보를 알아내기도 한다. 여기서 말하는 '정보'는 다양하다. 그 사람의 기분이나 생각 같은 심리적 상태뿐만 아니라 밥은 먹었는지, 잠은 잘 잤는지, 일은 잘했는지, 지금 어디에서 누구와 무얼 하고 있는지 등의 일상적인 행동들도 그 사람에 대한 정보에 속한다. 이런 정보 교환은 안부를 묻는 인사말처럼 쓰이기도 해서 우리는 빈번하게 누군가에게 이런 류의 질문을 던지며 산다. "밥 먹었어?"라고 물으면 "응. 밥 먹었어!" 혹은 "아니. 아직 못 먹었어."라는 대답으로 이어지는 게 일반적인 대화의 흐름이다.

그런데 간혹 "왜?"라고 되물으며 상대가 원하는 정보를 즉시 주지 않는 습관을 가진 사람도 있다. 언젠가 캠핑장에 놀러갔다가 우연히 한 부자父子의 대화를 듣게 됐다. 중학생이나 고등학생쯤으로 보이는 아들에게 아버지가 "아들! 빵 준 거 다 먹었어?" 하고 물었다. 그러자 아들이 "왜?"라고 되물었다. 아버지는 "먹었는지 궁금해서."라고 다시 물었고 아들은 그제야 "당연히 먹었지."라고 대답했다. 그 부자의 대화를 들으며 나는 두 사람이 매번 이런 식으로 대화를 나누지 않을까 하는 생각이 들었다. 질문에 맞는 대답을 바로 하지 않고 "왜?"라고 먼저 묻는 식으로 말이다. 보통 이런 대화는 "궁금하니까 물어보지."라는 말이 나오고 난 뒤에야 일반적인 대화의 흐름으로 돌아가게 된다.

한마디씩 더 하는 게 뭐 그리 대수냐고 생각할 수 있지만, 상대의 질문에 대답하지 않고 "왜?"라고 다시 되묻는 화법은 상대의 궁금증을 바로 해소해줄 마음이 없음을 드러낸다. 원하는 것을 쉽게 주지 않겠다는 삐딱한 태도를 은근히 드러내는 셈이다. 그래서 질문을 한 사람은 자신의 말이 상대방에게 자연스럽게 받아들여지지 못하고 그대로 튕겨 나와 자신에게 다시 돌아오는 느낌을 받는다. 그리고 이런 반응은 경우에 따라 비판적이고 공격적으로 느껴져서 불쾌한 기억으로 남기도 한다. 그래서 상대의 질문에 곧바로 "왜?"라고 되묻는 것을 피해야 한다.

　현실적으로 생각해보면 가끔 한두 번쯤 이 말투를 사용한다고 해서 문제가 되지는 않을 것이다. 또한 누군가와 갈등을 빚고 있다면 묻는 말에 대답하지 않고 "왜?"라고 날 선 대답을 할 수도 있을 것이다. 문제는 상황에 따라 잠깐 그렇게 말하는 것이 아니라 일상 속의 모든 대화에서 습관처럼 되묻는 것이다. 앞서 이야기했듯 습관은 오랜 시간 동안 반복해온 행동이라 하루아침에 고치기가 무척 어렵다. "왜?"라고 되묻는 대화 습관을 가진 사람은 긴 시간 동안 주위 사람들에게 불편한 마음을 차곡차곡 쌓아올렸을 것이다. 이 불편함은 쌓이고 쌓이다 결국엔 "궁금하니까 물어보지! 별것도 아닌데 그냥 좀 말해주면 어디 덧나? 매번 왜 그래? 그 말투 좀 고쳐!"라는 말로 터져버린다.

　나의 "왜?"라는 한 음절의 말이 나의 소중한 사람의 불편함이 될 수 있다면 그가 궁금해하는 이야기를 기꺼이 알려주는 건 어떨까? 밥 먹었다고, 잠 잘 잤다고, 일 잘했다고, 어디에서 누구와 무얼 하고 있다고 바로 대답해주는 것이다. 만약 묻는 이유를 꼭 알아야겠다면 일단 대답을 먼저 한 뒤에 부드럽게 "왜?"라고 물어보자. 상대의 궁금증도 해소시켜주고 나의 궁금증도 해소할 수 있는 좋은 대화의 순서다.

　상대의 질문에 즉각적으로 정보를 주지 않는 대화는 나이를 물어보는 상황에서도 흔히 나타난다. "혹시 나이가 어떻게 되세요?"라는 질문을 받으면 어떻게 대답해야 할까? "네. 올해 마흔다섯 살이에요."라고 말하는 사람도 있지만 "몇 살처럼 보여요?"라고 되받아치는 사람도 있다. 솔직히 말하자면 나도 예전에는 몇 살처럼 보이냐는 질문을 자주 하곤 했다. 그런데 어느 순간 그런 나의 질문에 상대방이 곤란해하고 난처해한다는 사실을 깨달았고, 그 순간 대화 습관을 바로 고쳤다.

'몇 살처럼 보이냐'는 질문을 돌려받으면 도대체 몇 살처럼 보인다고 말해야 할까? 아마 대부분의 사람들은 자신이 생각한 상대의 나이보다 최대한 어리게 말해야 한다고 생각할 것이다. 세상의 모든 문제는 정답을 맞추는 것이 좋은 일이지만 유일하게 나이만큼은 정답을 맞추는 게 그다지 좋은 일이 아닌 것 같다. 나이 맞추기 퀴즈를 일상에서 즐기는 소소한 재미로 생각할 수도 있지만 상황에 따라서는 난처하고 곤란한 문제가 될 수도 있다. 내가 나이를 묻는 누군가의 질문에 곧바로 대답하는 쪽으로 습관을 바꾼 이유도 그 누구도 곤란하게 만들고 싶지 않았기 때문이다. 평소에 '내 나이를 사랑하고 남의 나이를 존중하자'라는 마음을 갖고 산다면 나이를 밝히는 것쯤은 아무렇지 않은 일이 된다.

누군가의 질문에 '왜?'라고 질문으로 되받아치는 것보다 더 좋지 않은 습관은 아예 아무 말도 하지 않는 것이다. 침묵은 누군가가 원하는 정보를 주지 않는 최고의 방패이지만, 소통을 위한 대화에서는 이보다 더 나쁠 수 없는 최악의 태도다. "왜?"라고 되묻는 것은 침묵에 비하면 그나마 양반일 정도로 침묵은 나쁘다. 침묵은 단순히 상대의 물음에 반응을 하지 않는 것을 넘어 질문하는 상대방 자체를 무시하는 행동이기 때문이다. 사람은 누구든 자신의 존재를 부정당하면 인격적으로 심한 상처를 입는다.

우리는 때때로 팬들에게 거만한 태도를 보여 뭇매를 맞은 유명인들의 뉴스를 접하곤 한다. 펜과 종이를 내밀며 사인을 요청하는 어린 팬에게 눈길 한번, 말 한마디 건네지 않고 갈 길을 가는 스타들에게 대중은 분노한다. 대중이 분노하는 이유는 단순히 사인을 해주지 않아서가 아니다. 상대방을 투명인간 취급하는 그들의 태도 때문이다. 유명인도 사람이기에 지극히 사적인 영역에서는 사인을 해주지 못할 수도 있다. 한꺼번에 수많은 사람이 몰려들면 그 요청을 전부 받아줄 수 없는 것도 현실이다. 그런 상황에서 "죄송합니다."라는 말이라도 한마디 했다면 사람들은 그렇게 분노하지 않았을 것이다. 문제는 침묵과 무반응이다.

부부, 친구, 연인, 가족 등 가까운 관계에서 나누는 대화에서도 침묵은 똑같이 나쁜 역할을 한다. 그런 의미에서 나는 대화하는 사람들끼리 한 가지 원칙을 세우기를 권한다. 침묵이 그 자체로 상대방에게 상처를 줄 수 있다는 사실에 공감하고 상대의 말을 진짜 못 들은 것이 아닌 이상 절대 침묵하지 않는다는 원칙 말이다. 설령 서로에게 화가 나서 관계가 냉랭해졌더라도 상대의 말에 대답은 해주기로 정해두는 것이다.

"요즘 고민 있어?"라고 물어오는 사람에게 "왜? 나 고민 있어 보여?"라고 퀴즈를 내지 말자. 들었으면서 못 들은 척 침묵하지 말자. 그렇게 하면 당신은 소중한 사람의 존재감을 지켜주는 멋진 대화 상대가 될 것이다.

✳ ─────

상대의 질문을 질문으로 되받아치지 마라.
내가 던지는 "왜?"라는 말 한마디가,
혹은 나의 침묵이 누군가에게는
상처가 될 수도 있음을 기억하라.

# 상대의 탁월함은 드러내고
# 부족함은 감춰준다

사람은 누구나 잘하는 것 하나쯤, 좋은 것 하나쯤은 가지고 있기
마련이다. 그리고 그것을 최대한 남들에게 드러내고 싶어 한다.
이는 사람으로서 아주 자연스러운 일이다. 말 그대로 '자기PR'
시대에서는 나의 좋은 점들을 잘 드러내야 다른 사람들의 선택
을 받을 수 있다. 여기서 말하는 선택은 취업, 승진, 고객 유치, 계
약 수주처럼 비즈니스 차원에서 일어나기도 하고 좋아하는 사람
의 마음을 얻어 연인이나 부부, 친구가 되는 등 일상적인 인간관
계에서 일어나기도 한다. 비즈니스적인 관계에서든 사적인 관계
에서든 우리가 인생에서 이루는 성취는 모두 이렇게 받은 선택의

결과물이다. 그래서 자신의 좋은 점을 크게 드러내고 나쁜 점을 최대한 감추는 능력은 매우 중요하다.

하지만 이때 조심하지 않으면 '자기PR'이 자칫 '자기망신'이 될 수도 있다. 바로 자신의 장점을 어필하기 위해 다른 사람의 안목과 판단력에 대해 지적이나 비난을 할 때다. "아직도 이거 안 쓰세요? 진짜 좋은데.", "이거 모르세요? 요즘 제일 유행하는 거라 모르는 사람이 없는데.", "요즘 누가 그걸 써요. 그게 언제 적 건데요.", "아직도 왜 그걸 쓰세요? 그게 제일 안 좋은 건데."라는 식의 말들이다. 이런 말들은 받아들이는 사람으로 하여금 자신을 안 좋은 것을 쓰는 어리석은 사람, 좋은 것을 못 알아보는 둔감한 사람, 유행에 뒤처진 부족한 사람으로 만들어버려 불쾌함을 느끼게 한다. 설령 그 지적대로 잘못된 선택을 한 것이 명백하더라도 사실 여부와 상관없이 지적받는 행위 자체는 절대 유쾌할 수가 없다.

몇 달 전, 휴대폰 요금제를 바꾼 지인도 이와 비슷한 경험을 했다며 자신의 이야기를 들려주었다. 오랫동안 사용하던 요금제가 잘 맞지 않는 듯해 바꾸러 간 거였는데 대리점 직원의 말투 때문에 기분이 좀 불쾌했다고 한다. 직원이 뭐라고 했냐고 물으니 "고객님. 왜 그 요금제 하셨어요? 요즘 그거 쓰는 사람 아무도 없는데. 그거 별로 안 좋아요. 아, 저기 길 건너 있는 매장에서 하셨구나. 거기는 자기들 실적 쌓기 좋은 상품들만 권해요. 왜 거길 가셨어요? 저희가 훨씬 잘하는데 저희한테 더 일찍 오시지. 너무 늦게 오셨네요."라고 하더란다. 왜 그 요금제를 쓰고, 왜 거길 갔냐는 말을 들으며 지인은 마치 자기가 뭔가를 잘못해서 혹은 멍청해서 큰 손해를 보고 그 사람에게 꾸중을 듣는 기분이었다며 고개를 저었다. 지인이 그 대리점을 다시 가는 일은 아마 없지 않을까?

고객이 불쾌함을 느끼기 시작하는 순간, 그 영업이 성공할 확률은 급격히 떨어진다. 한 분야의 전문가인 사람의 눈에는 뭐가 좋고 뭐가 나쁜지 뻔히 보이게 마련이다. 좋은 선택일 때는 그 선택을 한 상대를 칭찬하는 것이 효과적이겠지만 나쁜 선택일 때는 최대한 언급하지 않는 것이 효과적이다. "아. 그 요금제 이용하고 계시는군요.", "아. 그 제품 쓰셨네요."같이 평가를 배제한 중립적인 표현으로 대화를 이어가는 것이 안전하다. 이 작은 배려로 상대가 가진 탁월함은 드러내주고 부족함은 감춰줄 수 있다.

상대의 잘못된 선택을 비난하지 않는 것과 더불어 경쟁사에 대한 비난을 하지 않는 것도 무척 중요하다. 나의 장점을 드러내는 방법이 단 하나만 있지는 않다. 나의 장점을 효과적으로 드러낼 수 있는 다른 방법을 찾자면 얼마든지 찾을 수 있다. 하지만 단 하나 가장 나쁜 방법이 있으니, 바로 다른 사람의 부족함을 밟고 나를 올리는 것이다. 고객의 선택을 받겠다는 의욕과 열정은 분명 직업인으로서 좋은 덕목이지만 그 성취를 위해 비교가 되는 경쟁사를 비난하는 행동이 과연 효과가 있을지는 고민해볼 필요가 있다. "거기는 진짜 별로예요. 절대 가지 마세요. 저희가 훨씬 좋습니다.", "그 제품은 질이 떨어지죠. 평도 좋지 않고요. 저희 제품이 더 뛰어납니다." 나와 경쟁자를 비교 선상에 놓고 상대를 낮춰 자연스레 내가 올라가는 효과를 노린 말들이다. 마치 시소처럼 말이다. 일종의 반사이익을 노리는 방법인데, 이런 홍보 방법을 트롤 마케팅Troll Marketing이라고 한다. 자사의 신제품 출시를 알리는 광고에 경쟁사의 제품을 비꼬는 내용을 포함하거나 가전 제품 매장 진열대 앞에 경쟁사의 제품 불량과 관련된 신문기사를 큼지막하게 인쇄해서 배치하는 방법 등이 실제 이루어지고 있는 트롤 마케팅의 사례다. 효과와 역효과를 동시에 가지는 리스크가 큰 마케팅 기법이라서 신중한 접근 방법이 필요한 전략이기도 하다.

설득을 할 때는 '그건 나쁘니까 내 걸 선택하세요'라고 할 수도 있지만 '그것도 좋지만 내 건 더 좋아요'라고 할 수도 있다. 전자는 비난을 포함한 설득이고 후자는 칭찬을 포함한 설득이다. 여기서 중요한 건 비난도 칭찬도 결국 내 입에서 나온다는 사실이다. 비난을 입에 담는 사람과 칭찬을 입에 담는 사람이 있다면 당신은 어떤 사람을 선택하겠는가. 당연히 후자일 것이다. 비난을 하는 사람은 그 행동 자체로 상대에게 부정적인 느낌을 준다. 설령 그 말들이 상대에게 도움을 주려는 선의의 목적일지라도, 환하게 웃는 친절한 얼굴이어도 마찬가지다. 무심코 내뱉은 비난의 말들이 나의 선의와 친절의 가치를 떨어뜨릴 수 있는 것이다. 굳이 남 흉보는 사람, 뒷담화하는 사람이라는 이미지를 가질 필요는 없다. 오히려 분명히 경쟁 관계에 있는 사람이나 물건을 인정하고 칭찬하면서 자신이 가진 또다른 장점이나 탁월함을 어필한다면 나쁜 말을 하지 않는 좋은 판매자라는 이미지를 얻을 수있다. '아. 이 사람은 경쟁 관계에 있는 제품에 대해서도 공정하게 말하는 사람이구나'라는 생각이 그 사람 자체에 대한 신뢰감으로 이어지기 때문이다.

일상적인 인간관계에서도 마찬가지다. 내가 당신을 얼마나 좋아하고 사랑하는지를 표현하기 위해 지나간 연인을 험담하는 경우가 있다. "전에 만났던 사람은 이러이러해서 싫었고 이런 점이별로였어. 그리고 나에게 이런 잘못들을 했고 이런 부분들이 나랑 안 맞았어. 그런데! 자기는 그런 점이 하나도 없어. 너무 좋아. 완벽해."라는 식의 말이다. 분명 이 말의 핵심은 현재 연인에 대한 찬사와 애정이다. 하지만 그 아름다운 결론을 이끌어내는 방식이 과거의 연인, 그러니까 타인에 대한 비난이라면 그 말을 들은 현재의 연인은 속으로 이렇게 생각할 것이다. '분명 칭찬을 듣긴 들었는데 왜 이렇게 기분이 나쁘지? 그리고 전에 만난 사람에 대해 왜 저렇게 욕을 하지? 좀 별로네. 나도 혹시 헤어지면 이렇게 욕먹는 거 아냐?'

비난은 나의 의도가 어찌 됐든 입에 담는 것만으로도 뒷담화하는 사람이라는 나쁜 이미지를 줄 뿐만 아니라 누구든지 비난을 할 수 있는 사람이라는 오해까지 살 수 있다. 물론 연인 관계에서는 앞선 비즈니스 상황과는 다르게 전 연인에 대해 칭찬을 하는 것도 받아들이는 사람에 따라 기분이 나쁠 수도 있으므로 현명하게 판단해야 하지만, 적어도 비난을 해서는 좋을 게 없다는 결론만은 같다. 사실 지나간 연인에 대해서는 아예 말을 하지 않는 것이 현실적으로 가장 좋은 방법이 아닐까?

웃으면서 욕하는 사람이 있다면 웃음이 중요할까 욕이 중요할까? 인상을 쓰면서 좋은 말을 하는 사람이 있다면 나쁜 표정이 중요할까 좋은 말이 중요할까? 사람은 언제나 '부정적인 정보'에 더 집중하게 마련이다. 이건 인간의 본능에 가깝다. 원시시대를 살았던 우리의 조상은 부정적인 정보에 집중할수록 생존 가능성이 높았기 때문이다. 그래서 웃는 얼굴보다는 욕이 더 신경 쓰이고 좋은 말보다는 나쁜 표정이 더 마음에 걸린다. 그러므로 우리는 반드시 소통에 있어서 나쁜 것들을 최대한 걷어내야 한다. 아무리 나의 장점을 드러내고 선택을 받고 싶다고 하더라도 타인에 대한 비난을 입에 담지 말자. 모든 사람은 나쁜 말을 불편해하고 좋은 말을 편안해한다는 사실을 꼭 기억하자.

＊──────

무심코 내뱉은 비난의 말 한마디가
상대를 위하는 선의와 친절함을 가린다.
굳이 남을 깎아내리는 사람이라는
이미지를 가질 필요는 없다.

# 좋은 습관을 몰아내는
# 나쁜 말투

중학생인 김 군은 교통법규를 잘 지키는 청소년이다. 그의 집
앞 도로는 평일에는 오가는 차들이 많아 복잡하지만 주말이
되면 차가 거의 다니지 않는다. 그는 당연히 교통법규에 따라
초록불에 길을 건넌다. 하지만 유일하게 그걸 따르지 않을 때
가 있으니 바로 주말에 가족들과 함께 길을 건널 때다. 아직도
생생하게 기억하는 그날의 일은 이랬다.

지금보다 더 어렸던 어느 날, 가족들과 길을 건너기 위해 건널
목에 섰는데, 갑자기 부모님이 고개를 양옆으로 휙휙 돌려 차
가 없다는 것을 확인하더니 빨간불인데도 길을 건너가 버리는

것이 아닌가? 부모님이 가는 걸 본 형도 그 뒤를 따라가기 시작했다. 여전히 멈춰 있는 그를 향해 엄마 아빠는 "야! 빨리 와! 뭐 해!" 라고 외쳤다. 그가 "빨간불이잖아요!"라고 말하자, 그 말을 들은 부모님은 "차 안 오잖아. 그냥 건너!"라고 소리쳤다. 잘못된 일이라는 걸 알면서도 어쩔 수 없이 길을 건너온 김 군에게 엄마 아빠는 핀잔을 주며 말했다. "형은 안 그러는데 너는 누구 닮아서 그렇게 소심하냐? 융통성 있게 살아야지!" 그 뒤로 그는 가족들과 길을 건널 때면 빨간불이어도 상관하지 않고 차가 오지 않는다 싶으면 가장 앞서서 길을 건넜다. 여전히 마음은 내키지 않지만 부모님과 형에게 소심하다는 핀잔을 더 이상 듣고 싶지 않았기 때문이다.

경제학에는 '악화惡貨가 양화良貨를 구축驅逐한다'라는 유명한 격언이 있다. 여기서의 '구축'은 '만든다'는 의미가 아닌 '쫓아낸다'는 의미로, 글자 그대로 해석하자면 나쁜 돈(악화)이 좋은 돈(양화)을 몰아낸다는 뜻이다. 현재의 돈은 사회적인 신뢰를 바탕으로 통용된다. 금액이 인쇄된 종이를 가져가면 그 금액만큼의 물건으로 교환할 수 있다는 약속이 존재하기 때문에 우리는 돈으로 무거운 금이나 은이 아닌 가벼운 종이를 들고 다닐 수 있는 것이다. 하지만 이런 신뢰와 약속이 생기기 전에는 금화나 은화처럼 그 자체로 가치가 있는 물질로 돈을 만들어서 사용했다. 그러다 보니 일종의 위조화폐가 발생하곤 했는데, 돈의 가장자리를 티가 안 나게 살짝 갈아내서 돈은 돈대로 사용하고, 얻어낸 금가루나 은가루를 다른 용도로 사용했던 것이다. 이렇게 나쁜 돈(악화)이 시장에 돌아다닌다는 소문이 돌자 사람들 사이에선 자신이 가지고 있는 정상적인 돈(양화)을 그대로 사용하는 건 손해 보는 짓이라는 생각이 널리 퍼지게 되었다. 그렇게 시장에는 정상적인 돈이 점차 사라지고 나쁜 돈만 남게 되었다. 이 현상을 두고 나쁜 돈의 등장으로 좋은 돈이 사라진다는 의미에서 '악화가 양화를 구축한다'라는 말이 생겼다.

이 원리가 비단 화폐에만 적용되느냐 하면 그렇지 않다. 우리의 일상에서도 나쁜 것이 오히려 좋은 것을 밀어내는 상황이 무수히 많다. 그리고 이런 일은 주로 두 가지 이유로 벌어진다. 첫 번째는 '나쁜 행동에 대한 묵인'이다.

대학 졸업을 앞두고 나는 본격적인 취업 전에 카메라를 판매하는 작은 가게에서 잠시 일을 한 적이 있다. 장사 수완이 좋았던 사장이 운영하는 가게는 비록 작긴 했지만 근방에서 장사가 가장 잘되는 가게였던지라, 밀려오는 손님들을 응대하기 위해 서너 명의 직원을 두고 있었다. 첫 출근을 하고 보름이 지났을 무렵, 나는 사장과 나를 제외한 다른 모든 직원이 출근 시간을 지키지 않는다는 사실을 깨달았다. 30분 전에 가게에 출근을 하면 언제나 부지런한 사장이 먼저 나와 있거나 나와 동시에 출근을 했고, 나머지 직원들은 출근 시간이었던 10시가 훌쩍 지나서야 하나둘씩 가게로 들어왔다. 그런데 지각하는 직원들도 지각하는 직원들을 지켜보는 사장도 그걸 문제 삼지 않았다. 어느 날 퇴근 후에 나는 사장과 단둘이 밥을 먹으면서 왜 직원들이 지각하는 걸 뭐라 하지 않느냐고 물었다. 사장은 뭐 어쩌겠냐고, 그래도 일은 잘하는 직원들이니까 그냥 넘어가고 있다고 말했다. 직원들 사이에서는 매일 출근 시간보다 몇십 분 일찍 나오는 내가 이상한 사람이 되어 있었고 혹시나 나 때문에 자신들의 출근 시간이 앞당겨지는 것 아니냐며 농담 반 진담 반으로 너스레를 떨기도 했다.

얼마 지나지 않아 나는 일을 그만두게 되었고 그 가게에서 출근 시간을 지키는 사람은 두 명에서 다시 한 명으로 줄었다. 직원들이 지각을 한다. 사장이 이를 지적하지 않고 그냥 내버려둔다. 새로운 직원이 출근 시간을 지킨다. 그런데 지각하는 동료들은 아무 지적도 받지 않고, 오히려 시간을 지키는 직원이 눈치를 받는다. 새로운 직원도 눈치를 보며 한두 번 늦게 나오다가 결국 매일 지각을 하게 된다. 그 가게 안에서는 악화가 양화를 구축했다. 나쁜 행동을 바로잡지 않고 묵인했기 때문이다.

악화가 양화를 몰아내는 두 번째 이유는 '좋은 것을 향한 비난'이다. 언젠가 소통을 이야기하는 강연장에서 멋진 중년의 신사분을 만난 적이 있다. 강연 중간 쉬는 시간에 정중하게 인사를 건네며 당신의 이야기를 들려주셨는데 그 이야기는 이러했다. 그분은 결혼한 지 20여 년이 되었는데 아내가 정말 좋은 사람이어서 어딜 가든지 도움이 필요한 사람을 발견하면 지체하지 않고 달려가서 도와주고 온다고 했다. 그 모습은 결혼 생활 20년 동안 변함이 없었다. 그런데 소통과 관련한 그날의 강의를 듣다 보니까(바로 이 꼭지의 내용이다) 자신이 20년 동안 한결같이 남을 도와주고 돌아온 아내에게 "으이구, 오지랖은……."이라고 말했다는 사실을 깨닫게 되셨단다.

그 얘기를 듣고 나는 아내분이 엄청나게 멋진 분이라며 칭찬을 해드렸다. 일단 남을 돕는다는 사실 자체만으로도 멋있지만 20년 동안 남편의 핀잔을 들으면서도 그 멋진 행동을 그만두지 않았다는 사실이 더욱 대단하고 멋있다고 말이다. 보통의 사람은 그러기가 쉽지 않다. 아무리 좋은 마음이 있어도 내 옆에 있는 사람이 나의 행동에 대해 핀잔을 주거나 비난을 한다면 그 소리를 듣고 싶지 않아 선뜻 행동으로 옮기지 못한다. 남을 돕는 아내의 행동은 명백하게 좋은 일인데도 말이다. 좋은 행동을 비난하여 그 좋은 행동이 세상에 나타나지 못하게 만드는 것. 이것이 악화가 양화를 구축하는 또 다른 방법이다.

나는 자신의 좋은 행동을 비난하는 남편의 핀잔을 들으면서도 선행을 그만두지 않은 아내분도 대단하고 나의 강연에서 깨달음을 얻고 쉽지 않은 성찰을 해준 그 신사분도 정말 멋있다고 생각했다. 긴 시간 동안 자신도 모르게 저질러온 실수를 인정하고 앞으로는 아내에게 당신 정말 좋은 사람이라고, 멋있다고 말해주겠노라 말씀하셨기 때문이다. 그동안 나쁜 말을 해서 미안하다고, 이제 오지랖이라고 핀잔 주지 않을 테니 마음 편하게 마음껏 도와주라는 말도 함께.

차가 다니지 않는 건널목에서 그저 배운 대로 초록불이 켜지기를 기다렸을 뿐인 아이에게 빨리 건너라며 다그치는 부모가 되어서는 안 된다. 이 상황에서 잘한 사람은 아이이고 잘못한 사람은 어른이다. 잘못한 사람이 잘한 사람을 다그치는 건 옳지 못하다. 잘못된 부모의 지적과 비난은 잘하고 있는 아이를 잘못하는 아이로 만들 수 있다. "에이. 그 몇 마디 때문에 설마 그렇게 바뀌기야 하겠어?"라고 생각한다면, 착각하고 있는 것이다. 말에는 힘이 있고 그 힘은 생각보다 무척 세다. 주변 사람의 말 한마디, 표정 하나 때문에 행동을 바꾸고 자신의 신념마저도 얼마든지 바꿀 수 있는 게 사람이다. 말의 힘은 어떻게 쓰느냐에 따라 좋은 힘이 되기도 하고 나쁜 힘이 되기도 한다.

좋음과 나쁨을 구분할 줄 아는 현명함에 좋은 행동을 칭찬하고 나쁜 행동을 바로잡는 말이 더해지면 이 세상에는 나쁜 것보다는 좋은 것들이 더 많아질 것이다. 여러분의 가정과 회사에, 그리고 우리 사회와 모든 인간관계에 양화가 악화를 구축하게 되기를, 그리고 그런 세상을 만드는 힘이 다름 아닌 여러분의 멋진 말들이기를 바란다.

✳ ─────────

나쁜 말과 행동을 묵인하지 말고
좋은 말과 행동에 비난을 보내지 말자.
말에는 힘이 있고
그 힘은 생각보다 무척 세다.

# 혼잣말은 때론
# 혼잣말이 아니다

이 세상에 온전히 혼자 살아가는 사람은 없다. 모든 사람은 필연적으로 내가 아닌 다른 사람들과 함께 '공간'을 공유하며 살아간다. 이런 이유로 모든 사람에게 요구되는 한 가지 덕목이 있다. 바로 남에게 피해를 끼치지 말아야 한다는 것이다. 그 누구도 자신이 잘못한 것도 없는데 다른 사람에 의해 피해를 입을 이유는 없다. 이런 의무감을 가진 구성원의 숫자가 많을수록 안전한 사회가 된다. 그리고 그런 공동체 사회에서 가장 멋진 사람은 남에게 피해를 주지 않으려고 노력하는 사람이다.

여기서 피해는 비단 다른 사람이 가진 것을 뺏거나 타인의 신체를 다치게 하는 것만을 의미하지 않는다. 심리적인 불안과 불쾌함을 느끼게 만드는 것도 피해를 주는 하나의 방식이다. 이런 피해는 대개 일상에서 내뱉는 부주의한 말 때문에도 발생하는데 대표적으로 '나쁜 혼잣말'이 그렇다. 말하는 사람 입장에서는 분명히 대상 없이 혼자 내뱉은 말이지만 그 말이 주변 사람들의 귀에 들리는 순간부터는 더 이상 혼잣말이 아니게 되어버린다.

나는 매일 아침 마을버스를 타고 지하철역으로 가는데, 매일 비슷한 시간에 버스를 타다 보니 이제 여러 기사님들의 얼굴과 운전 방식을 다 아는 정도가 됐다. 몇 분의 기사님들을 돌아가며 만나게 되는데, 유독 딱 한 기사님을 만나는 날이면 버스에 타는 순간부터 마음이 덜컥 불편해진다. 그 기사님은 지하철역까지 가는 내내 쉴 새 없이 경적을 울리고 거친 말들을 쏟아내시기 때문이다.

"아. XX. 진짜 짜증나게. 신호 또 걸렸네."

이 기사님은 늘 이런 식이다. 버스 안의 승객들이 듣든 말든 욕설과 한숨, 짜증을 끊임없이 뱉어낸다. 듣기 싫은 그 말들을 듣고 있자면 나에게 욕을 하는 것도 아닌데 마음이 너무 불편해져서 한시라도 빨리 내리고 싶어진다.

나와 전혀 가깝지 않은 버스 기사의 과격한 혼잣말에도 이렇게 마음이 불편한데, 한집에 같이 사는 가족이 이렇다면 어떨까?

하루에 9시간 이상을 같이 보내며 업무를 함께하는 직장 동료가 이렇다면 어떨까? 나쁜 혼잣말이 끼치는 정신적인 피해는 훨씬 더 크다. 가족들이 각자의 방에서 평화로운 시간을 보내고 있는데 거실에서 아버지가 친구들과 모임 관련된 전화통화를 한다고 생각해보자. 아버지는 뭔가 마음에 들지 않는지 전화를 끊고 나서 격앙된 말들을 큰소리로 허공에 쏟아낸다,

"왜 나한테만 XX이야. 답답하면 지들이 총무하든가. 매번 이런 식이야. 짜증나게 진짜!"

텅 빈 거실에서 아버지가 혼자 내뱉은 이 말은 집 안 구석구석으로 퍼진다. 방 안에 있던 아이들은 밖에서 들려오는 아빠의 격렬한 비난의 말들을 들으며 긴장한다. 거기에 욕설이 한두 마디 더 보태지기라도 하면 아이들의 긴장감은 두려움으로 바뀐다. 혼잣말이 더 이상 혼잣말이 아니게 되는 순간이다.

회사에서도 마찬가지다. 각자 업무에 몰두 중인 고요한 사무실. 키보드를 두드리는 소리와 나지막한 업무 통화 소리가 전부인 그곳에서 갑자기 땅이 꺼질 듯한 한숨과 함께 짜증 섞인 목소리가 들려온다.

"아이. 진짜. XX. 뭐 내가 봉이야? 무슨 일만 터지면 나한테만 XX들이야? 그렇게 급하면 지들이 하든가."

소리의 근원지는 그 공간에서 가장 직급이 높은 부장님의 자

리다. 그 순간 사무실에 팽팽한 긴장감이 감돈다. 신입 직원들은 물론이고 연차 높은 직원들까지 혹시 자기에게 불똥이 튀지는 않을까 몸을 움츠리기 시작한다.

이런 듣기 싫은 혼잣말을 내뱉는 사람은 어디에나 있다. 듣기 좋은 꽃노래도 한두 번인 법인데 불평불만인들 오죽할까. 참다못한 누군가가 그러지 말라고 지적해도 이들은 "나 혼자 말도 못 하냐!"며 자신의 말할 권리를 당당하게 주장하곤 한다. 너한테 한 말이 아니니 신경 끄라며 별일 아닌 듯 말하기도 한다.

하지만 이런 다양한 상황에서의 부정적인 혼잣말은 그 공간에 있는 모든 타인을 불편하고 불쾌하게 그리고 불안하게 만든다. 아무 일 없던 평화로운 시간과 공간이 빨리 벗어나고 싶은 시간과 공간으로 변해버린다. 화가 잔뜩 난 부모의 혼잣말을 들은 아이들은 집을 나가고 싶어지고, 상사의 거친 혼잣말을 들은 직원들은 사무실을 벗어나고 싶어진다. 비난의 말을 쏟아내는 버스 기사나 택시 기사를 만난 승객은 아직 목적지에 도착하지도 않았지만 당장 내리고 싶어진다. 나도 모르게 내뱉은 혼잣말이 때로는 누군가에게 심각한 정신적 피해를 준다는 사실을 알아야 한다. 의외로 이런 사실을 인지하지 못한 채 지내는 사람들이 많다. 나도 모르게 습관처럼 이러한 말들을 뱉어내기 때문이다. 그러므로 나도 혹시 그러고 있지 않은지 스스로 점검해볼 필요가 있다.

주변 사람들로부터 그런 이야기를 들은 적이 없으니 나는 괜찮겠지, 라고 생각하는 것도 위험하다. 부모와 자식, 상사와 부하 직원, 연장자와 연소자 같은 사회적 지위에 따라 불편해도 제대로 말하지 못하는 경우가 많기 때문이다. 누군가는 당신의 나쁜 혼잣말을 묵묵히 견디며 살아가고 있을 수도 있다. 또한 혼잣말이니 아무도 못 들을 거라는 생각도 착각이다. 내 목소리의 크기를 정작 나는 잘 가늠하지 못한다. 나는 작게 말한다고 말했지만 다른 사람들이 듣기에는 충분한 크기일 수도 있다. 그러므로 주변 사람들을 나의 나쁜 혼잣말로부터 보호하는 가장 안전하고 좋은 방법은 아예 그런 말을 하지 않는 것이다.

세상에 외롭게 혼자 살고 싶은 사람은 아무도 없다. 다른 사람들과 즐겁게 교류하면서 사는 것이야말로 인간이 느낄 수 있는 가장 큰 행복 중 하나다. 이 행복을 느끼기 위해서는 나를 편안한 소통 상대로 느끼는 사람이 많아야 한다. 인간의 교류는 대화와 소통으로 이루어지기 때문이다. 만약 사람들이 나와 가까이 대화하려 하지 않는 것 같다면, 그래서 외롭다고 느낀다면 한 번쯤 나도 모르게 나쁜 혼잣말로 사람들을 멀어지게 만들고 있지는 않은지 점검해보자. 그 나쁜 혼잣말이 당신 주변에 높고 단단한 벽을 쌓아 사람들이 가까이 오는 것을 막고 있을지도 모를 일이다. 듣기 싫은 소리가 흘러나오는 곳에 가까이 가고 싶은 사람은 없을 테니 말이다.

✳ ————
　　나도 모르게 내뱉은 혼잣말이

　　때로는 누군가에게 심각한 피해를 줄 수도 있다.

　　나쁜 혼잣말이라는 벽을 세워

　　스스로를 고립시키고 있지는 않은지 돌아보자.

# 나의 가치를 낮추는
# 가장 확실한 방법, 욕설

욕: 남의 인격을 무시하는 모욕적인 말

  또는 남을 저주하는 말

사전적 정의를 보더라도 욕은 의심의 여지 없이 나쁜 말이다. 나쁜 것을 피하고 좋은 것을 선호하는 것은 인간의 본성일 텐데, 그럼에도 욕은 우리 일상의 대화 곳곳에서 매우 자주 들려온다.

마음속으로 하는 욕은 예외로 하고 소리로 발화되는 욕은 크게 두 가지 모습으로 존재한다. 첫 번째는 대상 없이 그냥 내뱉는 욕이다. 이때의 욕은 특정 사람을 향해 내뱉는 것이 아닌 일종의 혼잣말이다. 스포츠 선수들이 경기 중에 플레이가 원하는 대로 흘러가지 않을 때 허공에 대고 큰소리로 욕하는 모습들을 볼 수 있는데, 이게 바로 대상 없는 욕에 해당한다. 분명히 상대 선수를 향한 것이 아닌 허공 혹은 불만족스러운 경기를 하고 있는 자기 자신을 향한 욕이다. 일상생활에서도 우리는 스트레스를 받는 일이 생겼거나 마음속에 짜증이나 화가 치밀어 오를 때 그 부정적인 감정을 해소하기 위해 욕을 하곤 한다. 운전 중 옆 차선의 차가 갑자기 끼어들 때 치밀어 오르는 짜증을 "아! XX. 짜증나."라는 말로, 출근을 위해 아침에 일어나며 몸과 마음의 피곤함을 "하아. XX, XX 피곤하네."라는 말로 푸는 것이다.

그런데 이런 욕을 하는 말투가 습관으로 굳어지면 크게 스트레스를 받는 상황이 아니어도, 이를테면 "오늘 날씨 XX 덥네.", "일이 왜 이렇게 꼬이냐? X같네."와 같이 일상적인 상황에서도 계속 욕을 쓰게 된다. 여기서 조금 더 심해지면 일종의 추임새처럼 욕과 비속어를 입에 달고 사는 지경에 이른다. 때로는 친구들끼리 친분을 나타내는 용도로 욕을 사용하기도 한다. 카페에서 삼삼오오 모여 있는 친구들 사이의 대화에서, 길을 걸으며 전화통화를 하고 있는 사람들의 대화에서 이런 욕들을 심심치 않게 들을 수 있다. 엄밀히 따지면 이런 욕은 타인을 직접적으로 모욕하거나 저주하지 않기 때문에 목적 자체가 나쁘다고 할 수는 없다. 하지만 앞서 이야기한 '나쁜 혼잣말'처럼 상대를 비난할 의도가 전혀 없었다고 해도 이러한 욕설은 주변 사람들에게 적지 않은 피해를 끼친다. 남들 다 들리도록 욕을 한 뒤에 "너한테 욕한 거 아니야."라고 말한들 절대 핑계가 될 수 없다는 뜻이다. 목적이 어떻든, 의도가 어떻든 욕이라는 언어는 태생적으로 불쾌감을 전달하기 때문에 다른 사람에게 다 들리도록 욕을 내뱉는 행동은 절대 해서는 안 되는 일이다.

욕의 두 번째 모습인 타인을 향해 내뱉는 욕은 명백히 매우 나쁘다. 서로 분노를 느껴 욕을 주고받으며 싸우는 경우도 나쁘지만 일방적인 욕설과 폭언은 더욱 나쁘고 위험하기까지 하다. 이런 경우는 특히 가장 편안한 관계인 가족 구성원 사이에서 두드러지게 나타나는데, '가까운 관계이니 욕을 해도 괜찮다'고 생각하기 때문이다. 가족 이외의 관계, 가령 회사 동료들, 사회생활 중에 만나는 지인들, 길가에서 마주치는 낯선 사람들에게는 아무리 감정이 상해도 욕설까지 가는 경우가 흔치 않다. 그들은 어떤 의미에서 보면 나와 관계없는 '완벽한 타인'이기 때문이다. 하지만 세상에서 가장 가까운 존재이자 가장 오랫동안 함께하는 가족에게는 이런 타인의 개념이 흐려진다. 그래서 욕이나 비속어를 사용하는 데 전혀 거리낌이 없어지는 것이다. 집 밖에서 만난 사람들에게는 욕은커녕 세상 둘도 없이 친절하고 정중하게 행동하는 사람이 가족들 앞에서는 험한 욕설을 쏟아내는 경우가 대표적인 예다. 평상시에는 온순하던 배우자가 부부 싸움만 하면 격해진 감정을 상스러운 욕으로 배출하기도 한다. 이때 내뱉는 욕은 허공이 아닌 배우자에게 직접적으로 하는 욕이다.

이처럼 욕은 결코 단순한 언어가 아니다. 사람의 자존감을 무너뜨리고 인격을 훼손시킬 수 있는 무기다. 욕을 하는 사람은 자신의 감정을 남김없이 표출하여 마음이 편해질 수 있지만 욕을 듣는 사람은 불쾌감이라는 단어로는 다 표현할 수 없을 정도로 마음이 무너져 내린다. 특히 부모나 자녀, 배우자에게 욕을 듣는 건 절대 그냥 참고 지나칠 수 있는 가벼운 경험이 아니다. 우울증에 걸리거나, 이혼을 고민하거나, 심지어는 극단적인 선택을 할 정도의 심각한 상처가 될 수도 있는 일임을 알아야 한다. 그러므로 무슨 일이 있어도 절대 욕은 하지 말아야 한다. 아무리 화가 나더라도, 짜증이 솟구쳐도, 앞에 있는 배우자나 자녀들이 밉고 싫은 감정이 올라오더라도 욕은 하지 말아야 한다. 욕이 아니더라도 그 감정을 표현할 수 있는 단어들은 얼마든지 있다.

하지 않던 행동도 한두 번 해보고 그 횟수가 반복되면 습관이 되는 것처럼 욕도 처음이 어렵지 하다 보면 익숙해진다. 욕을 안 하던 사람이 혼자 있을 때 한두 번 욕을 하게 되면 다른 사람이 듣는 상황에서도 혼잣말로 욕을 하게 된다. 그리고 다른 사람이 있을 때 혼잣말로 욕을 하게 되면 다른 사람을 향해서도 욕을 할 수 있게 된다. 그러므로 만약 욕하는 습관을 바꾸고 싶다면, 욕하는 횟수를 줄이는 것이 아니라 아예 하지를 말아야 한다.

특히 아이들이 듣는 상황에서는 절대로 욕을 해서는 안 된다. 언어는 놀랍도록 강한 전염성을 가지기 때문이다. 성인들도 오랫동안 시간을 함께 보낸 가족이나 친구의 말투를 따라가는 경향이 있는데 아이들은 오죽하겠는가. 아이들이 말을 배우는 과정에서 자기가 들은 단어나 표현들을 그대로 따라 하는 것은 매우 자연스러운 일이다. 만약 어떤 아이가 욕을 한다면 그 아이의 부모가 평소에 욕을 하거나 함께 노는 친구들이 욕을 하기 때문일 수 있다. 혹은 욕이 나오는 영상물들을 보면서 지내기 때문일 수도 있다. 그 어떤 부모도 자녀가 욕을 쓰기를 바라지는 않을 것이다. 그런데 욕하지 않고 예쁜 말을 하는 아이로 크기를 바라면서 정작 부모가 아이들이 듣는 데서 욕을 한다면 아무 소용이 없다. 아이는 절대로 예쁜 말을 하는 아이로 자랄 수 없다. 모든 아이는 부모의 거울이기 때문이다.

"니가 욕을 하게 만들잖아.", "욕먹을 짓을 했잖아.", "남들도 이런 상황에서는 다 욕해.", "나보다 더 심하게 욕하는 사람도 많거든.", "너한테 욕한 거 아니고 혼잣말 한 거야.", "이게 무슨 욕이야. 그냥 추임새지." 그 어떤 말도 욕을 해도 되는 이유가 될 수는 없다. 수십 년을 함께 살면서도, 수시로 티격태격 싸우면서도 서로 한 번도 욕하지 않으면서 사는 사람들도 많다. 상대가 욕을 듣지 않도록 하는 것이 상대를 인격체로 존중하는 최소한의 예의임을 아는 멋진 사람들이다.

＊ ─────
욕은 사람의 자존감을 무너뜨리고
인격을 훼손시킬 수 있는 무기다.
상대를 한 명의 인격체로 존중하고
최소한의 예의를 지킬 수 있는 사람이 되자.

## 2장

# 호감과 신뢰를 주는 말투

# 상대에게 선택지를 주는
# 질문을 던진다

업무에 몰두하고 있는 어느 평일 오후. 갑자기 팀장님께서 말을 건넨다.

"상화 씨! 이번 주말에 혹시 시간 돼?"

순간 머릿속이 복잡해진다. 별일은 없지만 주말 스케줄을 묻는 게 어딘가 쎄하다. 팀장님은 우리 회사에서 소문난 등산 마니아기 때문이다. 등산을 가자고 하시는 거라면 적당한 핑계를 대고 바쁜 척을 해야 하는데 혹시 저번에 말씀하신 소개팅 때문이면 어떡하지? 승부를 걸어야 하는데 어느 쪽에 걸어야 할지 고민이 된다. 그런데 팀장님의 온화한 표정을 보니 왠지 소개팅 쪽인 것 같다.

"아 네, 팀장님! 이번 주말에 시간 괜찮습니다!"

"아, 그래? 잘됐네! 이번에 △△산 가는 거 어때? 자네 등산 장비 다 있지?"

'……망했다!'

가상의 상황을 설정하여 만들어본 에피소드이지만 직장생활에서, 나아가 일상생활에서 우리는 이러한 웃지 못할 경험들을 많이 하곤 한다. 친구와 만나 술을 마실 때도, 가족들과 여행을 갈 때도, 동료와 회의를 할 때도 우리는 항상 서로의 일정을 조율하는 과정을 거친다. 그런데 이때 '질문하는 목적'을 제대로 밝히지 않고 그냥 질문부터 던지는 사람들이 많다. 위 에피소드의 팀장님처럼 "친구야, 오늘 퇴근하고 약속 있어?"라고 말이다.

질문을 받은 사람이 일정이 있다면 "나 퇴근하고 약속 있는데. 왜?"라고 말할 것이고 일정이 없다면 "나 퇴근하고 약속 없어. 왜?"라고 말할 것이다. 어떤 경우든 일정을 물어보는 이유가 궁금하기 마련이니 "왜?"라고 반드시 물어보게 된다. 그러면 그제서야 "퇴근 후에 별일 없으면 저녁이나 같이 먹으려고 했지."라고 질문의 목적을 밝힌다.

별일이 없어서 같이 저녁을 먹을 수 있다면야 문제가 없지만 이미 약속이 있다고 밝힌 경우라면 상황이 조금 어색해진다. 일정을 묻는 이유를 확인하는 질문은 선약 때문에 함께 저녁을 먹지 못한다는 아쉬움을 한 번 더 확인할 뿐이다. 그리고 때로는 제안한 사람으로 하여금 자신이 다른 사람과의 선약에 밀렸다는 서운함을 느끼게 만든다. 보통은 이런 순서로 대화를 나눈다.

이 순서가 나쁘다고 할 수는 없지만 첫 대화를 살짝만 바꾸면 상대를 좀 더 배려하는 좋은 대화를 할 수 있다. "친구야. 오늘 퇴근하고 별일 없으면 같이 저녁 먹을래?"라고 제안의 내용을 처음부터 밝히는 것이다. 이 대화가 상대에 대한 배려가 되는 이유는 바로 거절을 편하게 할 수 있는 기회를 제공하기 때문이다. 누구나 시간은 되지만 피곤해서, 혹은 기분이 별로여서 등의 이유로 누군가와 함께 밥을 먹기 싫을 때가 있지 않은가. 하지만 이미 "별일 없는데 왜?"라고 시간이 된다는 사실을 밝혀버리면 그 순간부터 거절이 곤란해진다. '시간이 안 됨', '다른 일정이 있음' 같은 누구라도 이해할 수 있는 거절의 이유를 더 이상 사용할 수 없는 것이다.

이런 곤란한 상황이 생길 수도 있다는 점을 이해한다면 제안의 내용을 처음부터 밝혀서 상대가 거절을 쉽게 할 수 있도록 배려해보는 것은 어떨까. 거절하는 사람도 편하지만 거절을 당하는 쪽도 '선약이 있으니 어쩔 수 없지'라고 편하게 받아들일 수 있다. 더불어 이런 대화 방식은 메시지를 주고받는 횟수도 상대적으로 줄어든다는 장점도 가진다. 감정적 측면에서 보나 효율성의 측면에서 보나 사소하지만 분명 좋은 대화의 기술이라고 할 수 있다.

특히 상급자와 하급자, 연장자와 연소자 같이 거절을 어렵게 만드는 사회적 위계가 존재하는 관계에서 이것이 더욱 좋은 배려로 작용할 수 있다. 손아랫사람의 편안한 거절을 위해 손윗사람이 먼저 용건을 밝혀주는 행동은 사소하지만 그 자체로 멋진 리더십이 되기도 한다. 이런 배려는 내 제안이 언제든지 거절당할 수 있다는 열린 마음을 가진 사람만이 할 수 있기 때문이다. 상사니까, 어른이니까 내 제안은 무조건 받아들여져야 한다는 닫힌 마음은 결국 이기적인 대화로 이어지고 그런 대화는 사람들을 멀어지게 만든다. 이 사람이 제안을 거절할 때마다 서운한 기색을 감추지 않는다는 인상을 받고, 이 사람의 제안을 거절하면 나에게 불이익이 돌아올 거라는 생각이 든다면 그로부터 제안을 받는 일 자체를 피하려고 할 것이다. 그리고 그러기 위해 가장 좋은 방법은 그 사람과의 소통을 최소화하는 것이기 때문이다.

당연히 열린 마음은 배려의 대화로 이어지고 그런 대화들은 당신을 대화하기 좋은, 함께 대화하고 싶은 사람으로 만들 것이다. 아주 사소해 보이는 일이라도 누군가를 배려하며 하는 대화는 비단 상대뿐 아니라 나에게도 도움이 된다는 사실을 기억하자.

✳ ————————

대화를 시작할 때 먼저 용건을 밝히자.

함께 대화하고 싶은 사람은

거절조차도 편안하게 만들어 주는 사람이다.

# 양해를 구하는 데도
# 예의와 기술이 있다

사회적 동물인 우리는 스스로 깨닫지 못하는 사이에도 내가 믿을
만한 사람이라는 사실을 타인에게 끊임없이 전달하며 살아간다.
모든 인간관계는 신뢰를 바탕으로 이루어지기 때문이다. 서로에
대한 믿음이 있어야 친구도 될 수 있고 연인도 될 수 있으며 부부
도 될 수 있는 법이다. 그리고 이렇게 중요한 사람 사이의 신뢰는
한두 번의 중대한 사건으로 결정될 수도 있지만 대부분은 사소한
일들이 모여 천천히 쌓이고, 또 천천히 무너진다.

주말에 함께 밥을 먹기로 한 친구가 있다고 해보자. 몇 시에
만날지 시간을 정한다. 친구는 그날 다른 일정이 하나 더 있으니

그 일정이 끝나는 시간을 확인해서 내일까지 말해주겠다고 한다. 친구와의 약속 시간이 정해지면 그 일정에 맞춰 나도 다른 지인과 약속 하나를 더 잡을 생각이었기 때문에 확인되는 대로 연락을 달라고 한다. 하지만 다음 날까지 말해주겠다던 친구는 연락이 없다. 살다 보면 이렇게 약속된 기한까지 연락을 안 하는 경우가 생긴다. 깜빡하고 연락을 놓치는 실수는 누구나 할 수 있기 때문이다. 문제는 이런 실수가 상습적으로 반복될 때다. 약속을 어기는 빈도가 늘어나면 늘어날수록 그 사람의 이미지는 '약속을 지키지 않는 사람'이 되어버린다. 특히 그 관계가 비즈니스를 위한 것이라면 신뢰는 훨씬 더 중요해진다. 비즈니스에서 신뢰는 상대방과 안전하게 거래하고 협업하기 위한 기본 토대이기 때문이다.

이렇게 중요한 신뢰는 다양한 방법으로 쌓을 수 있다. 거창하고 공식적인 약속을 지키는 것도 방법이지만 사소하고 일상적인 약속을 지키는 것 또한 매우 중요하다. 하지만 의외로 많은 사람이 작고 가벼운 약속을 지키지 않는 것을 별일이 아니라고 생각하곤 한다. 보험 가입이나 자동차 구입 같이 영업 사원에게 견적서나 참고 자료를 건네받아야 하는 상황에서 영업 사원이 약속 시간을 지키지 않는 경우를 한 번쯤은 경험해봤을 것이다. 약속 시간이 지나서 뒤늦게라도 담당자의 연락을 받는다면 그나마 다행이다. 최악은 오지 않는 연락을 기다리고 기다린 끝에 고객이 먼저 담당자에게 연락해 자료를 언제쯤 받을 수 있냐고 요청하는 것이다. 고객에게 약속한 자료 전달 시점이 내일 오전까지라면 내일 오전 11시 59분까지, 내일까지라면 내일 오후 5시 59분까지, 이번 주까지라면 금요일 오후 5시 59분까지는 반드시 연락을 해야 한다.

물론 살다 보면 어떤 사정에 의해 약속을 지키지 못할 때도 있다. 그래서 중요한 것이 바로 이런 상황에서의 대처다. 내가 한 시간 약속을 지키지 못하게 되었다는 사실이 확정된 순간, 바로 상대에게 연락을 해야 한다. "고객님. 제가 오전까지 견적서를 보내드리려고 지금 준비 중인데요."라고 약속을 잊지 않았음을 알려준 뒤에 "견적서에 포함돼야 할 자료가 오후에 도착한다고 합니다. 죄송합니다만 오후 3시까지 보내드려도 될까요?"라고 양해를 구하자. 이런 식으로 이야기를 하면 고객은 조금 늦어지는 게 불편하기는 해도 불쾌한 기분까지는 느끼지 않을 것이다. 그리고 누군가는 '아. 이 사람은 이렇게까지 자신이 한 약속을 지키려고 노력하는 사람이구나' 하는 생각에 오히려 더 신뢰를 하게 될 수도 있다. 나의 신뢰도를 지키는 최선의 방법인 것이다.

사람은 누구나 존중받고 싶어 한다. 세상에 무시당하고 싶어 하는 사람은 아무도 없다. 중요하든 중요하지 않든 누군가와 한 약속을 지키지 않고 거기에 대해 어떤 양해의 말도 구하지 않는다면 그건 상대방을 무시하는 행동이자, '당신은 내게 중요하지 않은 사람입니다'라는 메시지를 전하는 것과 같다. 사적인 관계든 비즈니스적인 관계든 모든 관계는 신뢰라는 토양을 바탕으로 형성된다. 신뢰를 잃으면 관계도 사라진다는 점을 기억하자.

＊————

아무리 사소한 약속이라도
지킬 수 없을 경우 미리 말해야 한다.
신뢰는 사소한 일들이 모여 천천히 쌓이고,
또 천천히 무너지는 법이기 때문이다.

# 상대의 사적 영역을
# 존중하는 대화법

2024년 한 초등학교 선생님의 극단적인 선택을 계기로 일부 학부모들의 갑질 문제가 공론화되었다. 선생님들이 토로하는 학부모의 갑질 중에 하나가 퇴근 후나 주말, 공휴일같이 근무 외 시간에 연락을 해오는 행동이다. 그리고 그 연락의 내용은 대부분 자신의 아이와 관련된 요구사항이나 교사의 교육에 대한 불만사항이라고 한다. 근무 시간에 그런 연락을 받아도 달갑지 않은데, 퇴근하고 나서까지도 그런 연락을 받으면 그건 달갑지 않은 정도를 넘어 괴로운 일이 된다. 개인 시간, 즉 나의 사적 영역을 침범당했기 때문이다.

업무 연락은 반드시 업무 시간에 해야 한다. 요즘은 기업들마다 출퇴근 시간이 제각각이지만 보통 오전 9시에서 오후 6시까지를 업무 시간으로 생각하면 무난하다. 조금 더 세심하게 배려하고 싶다면 일반적으로 점심을 먹는 시간인 낮 12시에서 오후 1시 사이에도 연락을 하지 않는 것이 좋다.

하지만 살다 보면 누구나 아침 일찍이나 밤늦게 혹은 주말과 공휴일에 부득이 연락을 해야 하는 상황을 만나기 마련이다. 이럴 때는 반드시 양해를 구하는 말과 함께 연락을 취해야 한다. 어쩔 수 없이 연락을 하지만 당신의 소중한 개인 시간을 방해해 미안한 감정을 느끼고 있다는 사실을 드러내줘야 하는 것이다. 그저 짧은 양해의 표현일 뿐이지만 이 사소한 한마디가 상대에게는 '존중받고 있다'는 느낌을 주고, 동시에 당신을 정중하고 예의바른 사람으로 만든다. 그리고 이 배려의 말은 비단 사업적으로 이해관계가 있는 외부 고객이나 파트너뿐만 아니라 회사 내에서 함께 일하는 모든 사람에게 똑같이 사용해야 한다.

강의를 다니다 보면 아무래도 신입사원 같은 저연차나 실무자급에서 일하는 사람들을 많이 만나게 된다. 얘기를 들어보면 한창 열정적으로, 회사에서 가장 많은 일을 하는 시기라 대부분의 직원이 퇴근 후에도 업무 연락을 받는 일들이 아주 흔했다. 중요한 프로젝트라도 맡게 되면 출근 전 이른 아침부터 퇴근 후 늦은 밤까지 카톡이 쉴 새 없이 울리는 경우도 있다고 했다. 이에 대한 직원들의 공통된 반응이 나는 좀 놀라웠는데, '연락이 오는 것까지는 어느 정도 이해한다. 그런데 예의는 좀 지켰으면 좋겠다'였기 때문이다. 우리 속담에 '같은 말이라도 아 다르고 어 다르다'는 말이 있듯이 같은 업무 연락이라도 어떻게 말하느냐에 따라 꼴 보기 싫은 업무 연락이 될 수도 있고 기꺼이 받아들일 수 있는 업무 연락이 될 수도 있다. 밤 12시에 "○○ 씨. 쉬고 있을 텐데 늦은 시간에 연락해서 미안해요."로 시작하는 메시지와 "○○ 씨! 내일 출근하면 이거 보고서 바로 부탁해요!"라는 메시지를 받았다면 당신은 어떤 사람에게 더 존중받는다고 느낄까?

몇 년째 매일 봐서 이제는 가족같이 생각되는 동료라고 하더라도, 나이도 한참 어리고 직급도 한참 낮은 부하 직원이라고 하더라도 양해를 구하는 표현은 똑같이 써야 한다. 개인의 시간은 나이나 직급, 친한 정도를 떠나 사람이라면 누구나 존중받아야 하는 권리이기 때문이다. 그래서 이 같은 정중한 양해의 말은 리더의 위치에 있는 사람에게 특히 더 중요하다. 나이가 많은 사람이 나이가 적은 사람에게, 직급이 높은 사람이 직급이 낮은 사람에게 사용하면 그 자체로 좋은 리더십이 될 수 있다. 모든 조건을 초월하여 타인을 한 명의 인간으로서 존중하는 사람은 그 자체로 얼마나 멋진가.

지금까지 이해관계가 존재하는 비즈니스와 관련해서 이야기를 했지만, 사실 이해관계랄 게 없는 일상의 인간관계에서도 개인 시간은 당연히 존중해주어야 한다. 정해진 어린이집 등원 시간은 아침 9시지만 갑자기 급한 일정이 생겨 내일 1시간 일찍 등원을 해야 하는 상황이라고 생각해보자. 등원 시간이 바뀔 때는 원장님께 알려야 하는데 이미 밤이 되었다면, 다음과 같이 먼저 양해를 구하고 본론을 말하는 것이 좋다.

"안녕하세요. 원장님. 밤늦은 시간에 연락드려 죄송합니다. 급하게 전달드릴 내용이 있어서요. 내일 아이가 8시에 등원해야 할 것 같은데 혹시 가능할지 확인 부탁드립니다."

단골 고객으로 오랫동안 이용하고 있는 가게라고 하더라도 영업이 끝난 시간이나 휴무일에 사장의 개인 휴대폰으로 연락을 해서 다짜고짜 용건을 전달하는 것도 무례한 행동이다. 가장 좋은 것은 다음 날 영업시간까지 기다리는 것이지만 정말 급해서 어쩔 수 없이 연락을 해야 한다면 미안한 마음을 담아 양해의 말을 반드시 붙여야 한다. 내가 고객이라고 해서 다른 사람의 사적 영역을 침해할 권리는 없기 때문이다. 존중받아야 하는 개인 시간에 원치 않는 연락을 받더라도 미안해하는 사람의 연락은 이해하고 넘어가지만 당연하다고 여기는 사람의 연락은 화가 나는 것이 사람의 마음이다.

잊지 말자. 타인의 사적 영역을 존중할 줄 알아야 나의 사적 영역도 존중받을 수 있다는 사실을 말이다!

＊————

양해를 구하는 사소한 한마디로
상대는 존중받는 사람이 되고,
당신은 타인의 시간을 존중할 줄 아는
정중하고 예의 바른 사람이 될 수 있다.

# '옳은 말'이 아닌 '좋은 말'이
# 마음의 벽을 허문다

친한 동생이 나에게 이런 이야기를 해준 적이 있다. 그의 아내는 곧 출산을 앞둔 임산부로, 그는 곧 아빠가 될 예정이었다. 동생은 이제 곧 사랑스러운 아기가 태어난다는 설렘과 함께 그 힘들다는 육아를 잘 해낼 수 있을지 걱정이 컸다. 그래서 출산 과정에서 아빠가 무엇을 해야 하는지, 아기가 태어나면 챙겨야 할 것들과 좋은 육아법은 무엇인지, 힘든 과정을 겪은 아내를 어떻게 도와야 하는지에 대해 책과 영상을 보며 정말 열심히 준비를 했다. 그렇게 준비가 계속될수록 걱정은 줄어들고 잘할 수 있을 것 같은 자신감이 생겨났다. 그런데 하루는 자신보다 먼저 아이를 낳아 키우고 있는 친구들을 만났다. 그가 준비를 정말 열심히 해서 왠지 육아를 잘할 수 있을 것 같다고 말하자 그 자리에 있던 친구들은 동시에 실소를 터뜨리며 한목소리로 말했다고 한다.

"얘가 뭘 모르네. 야! 그게 될 거 같지? 우리가 다 이미 해봤잖아. 해보면 아는데 그거 마음처럼 절대 안 돼!"

그 순간, 동생은 신나서 열변을 토한 자기 모습이 민망하게 느껴졌다고 한다. 자신감은 사라졌으며 왠지 기분도 좋지 않았다. 그는 불쾌한 표정으로 이야기를 마무리하며 자신은 절대 다른 사람한테 그렇게 말하지 않을 것이라고 했다.

우리는 말로서 누군가를 기쁘게 만들 수도 있고, 한순간에 슬프게 만들 수도 있다. 힘을 내도록 응원을 해줄 수도 있으며 힘이 쭉 빠지도록 비난의 말을 던질 수도 있다. 이렇게 우리가 매일 하는 말 한 마디, 한 마디는 상대의 감정이나 상태를 바꿀 수 있는 가장 강력하면서도 손쉽게 사용할 수 있는 도구다.

그러나 때때로 내가 내뱉는 말은 의도한 결과를 가져오기도 하지만 완전히 반대의 결과를 가져오기도 한다. 일상에서 별 생각 없이 던진 누군가의 말에 상처를 받은 경험, 반대로 다른 사람에게 상처를 준 경험이 누구나 있지 않은가. 여기서 알 수 있는 것은 아무 생각 없이, 별 뜻 없이, 악의 없이 건네는 말이라고 하더라도 누군가에게는 상처를 줄 수 있다는 사실이다. 뒤늦게 상대가 상처받았음을 깨닫고 "나는 그런 뜻이 아니었는데, 기분 나빴다면 미안해."라고 사과를 했던 경험이 한 번쯤은 있을 것이다.

이런 표현의 비의도성은 우리의 일상에서 의외로 자주 목격된다. 처음으로 맡게 된 프로젝트를 위해 의욕을 불태우며 열심히 일하고 있는 부하 직원을 보며 상사가 말한다.

"상화 씨! 그거 어차피 안 될 거야. 내가 예전에 해봤거든. 너무 열심히 하지 말고 그냥 대충 해. 괜히 힘 빼지 말고."

어쩌면 이 상사는 현실성 없는 일에 매달리고 있는 부하 직원을 위하는 마음으로 이런 말을 했을지도 모른다. 하지만 좋은 의도와 반대로 그 말을 들은 부하 직원은 여러 부정적인 감정들을 느끼게 될 뿐이다. '아. 안 되는 일인지도 모르고 괜히 들떠서 열심히 하려고 했구나. 상사들 눈에 내가 얼마나 웃기게 보였을까?'라는 자조 섞인 민망함과 동시에 자신의 노력이 성취로 이어지지 못할 거라는 아쉬움까지 느끼게 될 것이다. 결과도 모르고 헛수고하는 사람이 되어버렸기 때문이다. 물론 이런 현실을 솔직하게 알려주는 말들이 의미가 있을 때도 있다. "그 프로젝트 안 되는 거니까 내가 중단시킬게요. 그동안 수고했어요."처럼 해도 안 될 그 일을 멈추게 할 수 있다면 말이다.

출산과 육아를 앞둔 예비 아빠의 자신감과 그 자신감에서 나온 활기찬 의욕을 바라보는 친구들 역시 그 모든 노력이 소용없다고 생각한다. 이미 자신들은 겪어봤기 때문에 이상과 현실이 다르다는 것을 잘 알고 있기 때문이다. 그래서 막상 해보면 잘 안 될 거라는 경험에서 나온 그 말이 전혀 틀린 말은 아니다. 하지만 논리적으로는 틀리지 않은 그 말은 친구의 의욕과 자신감을 사그라들게 만들었다. 당연히 친구들은 그런 나쁜 의도로 말하지 않았을 것이다. 나도 당했으니 너도 당해봐라 같은 유치한 생각에서 한 말도 당연히 아닐 것이다. 오히려 반대로 친구에게 앞으로 닥칠 힘든 시기에 대해 미리 솔직하게 말해줌으로써 마음의 준비를 하게 하려는 배려일지도 모를 일이다. 하지만 의도가 뭐든 그 말들이 친구의 자신감에 좋지 않은 영향을 미쳤다는 것이 중요하다.

이런 일은 가정에서도 흔히 일어난다. 온 가족이 모여 저녁 식사를 하고 있는 식탁으로 가 보자. 식사를 준비한 남자가 가족들에게 반찬을 권하며 말한다.

"이 무말랭이 무침 한번 먹어 봐. 근처 반찬 가게에서 샀는데 진짜 맛있어!"

반찬을 맛본 가족들도 맛있다고 좋아한다. 그는 사랑하는 가족들에게 맛있는 반찬을 먹였다는 사실에 뿌듯해진다. 그리고 요리하는 걸 좋아하니까 이 정도면 직접 만들 수 있겠다는 생각이 든다.

"맛있지? 내일 시장에서 무말랭이 좀 사다가 내가 더 맛있게 무쳐줄게."

그 말은 들은 아내와 아들이 한마디한다.

"됐어. 그냥 사다 먹어. 귀찮게 뭐하러 그래."

"아빠. 반찬가게 사장님은 전문가니까 이렇게 맛있는 거예요. 아빠가 해서는 이런 맛 안 날 걸요?"

"그런가? 하긴. 그럼 다음에 또 사올게."

가족들의 말을 들은 남자는 풀이 죽는다. 괜히 머쓱해져서 아무렇지 않다는 듯 대답했지만 못내 서운하다.

되돌릴 수 없는 출산과 육아, 어쨌든 결과를 봐야 하는 프로젝트처럼 누군가가 열정을 불태우고 있는 일에 대해서는 부정적인 말 대신 배려를 담은 응원의 말을 건네주는 게 어떨까. 출산을 앞둔 예비 아빠에게 "내가 해보니까 힘들긴 하더라고. 그런데 너는 준비도 많이 하고 있고 성격도 꼼꼼하니까 잘할 수 있을 거야!" 라고 말해보자. 프로젝트에 열심인 부하 직원에게 "힘든 프로젝트 하느라고 수고가 많네. 잘될 거니까 열심히 하고 혹시나 내가 도울 일 있으면 언제든 말해!"라고 말해보자. 자발적으로 무언가를 하고 싶어 의욕을 보이는 사람에게 그들이 즐거운 마음으로 도전해볼 수 있도록 기분 좋은 응원의 말을 건네는 것이다. 가족들을 먹일 생각으로 야심 차게 요리를 계획하는 남편에게 "진짜?

자기가 해주면 더 맛있지!"라고 응원을 건네자. 사소한 말 한마디가 누군가의 열정과 의욕을 단단하게 지켜주고 그 사람을 행복하게 만들 수 있다.

✳ ————

맞는 말이라고 해서
그 말을 꼭 해야 하는 것은 아니다.
누군가의 긍정적인 감정, 열정과 의욕을
지켜줄 수 있는 말을 하도록 하자.

# 칭찬의 기준은
# 머리 꼭대기가 아닌 발에 두어라

세상에 칭찬만큼 기분 좋은 말은 없다. 사람이라면 누구나 남들에게 기분 좋은 말을 듣고 싶어 한다. 그래서 칭찬을 잘하는 사람은 매력적이다. 누구에게나 사랑받고 어디에서나 환영받는다. 만약 당신이 칭찬을 잘하는 사람이라면 주변에 대화하자고 다가오는 사람이 많을 것이고, 반대로 칭찬을 잘하지 못한다면, 혹은 칭찬에 인색하다면 그만큼 외로울 가능성이 크다. 칭찬을 자주 그리고 잘해야 하는 이유다.

칭찬을 잘하기 위해서는 '양'과 '질'을 모두 갖춰야 하는데 일단 칭찬의 '양'을 최대로 늘리는 것이 첫 번째다. 내가 강의 중에 청중들을 향해 "우리 사회에 드러나는 칭찬의 양이 많은 것 같은 가요? 아니면 비난의 양이 많은 것 같은가요?"라고 질문을 던지면 많은 사람이 비난의 양이 더 많은 것 같다고 대답한다. 물론 이 두 개의 양을 정확히 측정할 수는 없지만 실제로 많은 사람이 우리 사회에 비난의 양이 더 많다고 '인식'한다는 게 중요하다.

이 글을 읽고 있는 지금, 곰곰이 한번 생각해보자. 당신이 누군가에게 내뱉는 말들 중 칭찬이 많은지, 비난이 많은지 말이다. 칭찬하는 말이 많다면 이미 좋은 대화를 하고 있으니 칭찬을 받아 마땅하다. 반대로 비난하는 말이 많다면 지금부터 의식적으로 칭찬을 더 많이 하도록 노력해보면 좋겠다. 이때 칭찬의 양을 늘리는 좋은 방법은 칭찬의 기준을 최대한 낮게 설정하는 것이다.

언젠가 집 앞 마트 계산대에서 인상적인 가족의 모습을 본 적이 있다. 내 앞에서 계산을 하고 있던 그 가족은 엄마, 아빠, 그리고 고등학생으로 보이는 아들이었다. 아빠는 계산을 하고 있었고 엄마는 장바구니에 물건들을 담고 있었다. 그리고 아들은 그 옆에 서서 아이스크림을 맛있게 먹고 있었다. 엄마가 물건을 다 담고 꽤 무게가 나가 보이는 장바구니를 계산대에서 힘겹게 내려서 손에 드는 순간, 아이스크림을 먹던 아들이 곧바로 그 장바구니를 낚아챘다. 그러고는 "엄마, 근데 내가 말한 거 담았지?"라고 물었고 이에 엄마는 "그럼, 담았지."라고 대답했다. 이 대화를 통해 아들이 엄마의 장바구니를 들어주는 그 행동이 이 가족에게는 전혀 특별한 일이 아님을 짐작할 수 있었다. 뒤에서 그 장면을 지켜보던 나는 마음속으로 박수를 치며 칭찬했다. "와. 저 친구 대단하다. 저 나이에 벌써 부모님을 대신해 무거운 물건은 자기가 들겠다는 마음도 있고 그 마음을 실제로 행동에 옮기는 실행력도 가지고 있네. 진짜 멋지다."

나는 이 일을 강의 때 종종 이야기하곤 하는데 언젠가 한번은 이 이야기를 들은 청중분께서 자기 아들도 고등학생인데 마트에 가면 자기 짐을 대신 들어준다며 자랑을 했다. "그럼 어머니께서는 짐을 들어주는 아드님에게 뭐라고 하세요?"라고 질문했더니 "아들! 당연한 거야~."라고 말한다고 하는 게 아닌가? 또 다른 강의에서 만난 분도 자기 아들은 중학생 때부터 20대가 된 지금까지도 엄마 아빠의 짐을 들어줬다고 말했다. 마찬가지로 그때마다 뭐라고 하셨냐고 물으니 "아들. 생색내지 마. 아빠는 너한테 더 큰 걸 해주고 있다."라고 말했다고 한다.

칭찬을 하고 안 하고는 개인의 자유이므로 이 두 청중분이 큰 잘못을 했다고 말할 수는 없다. 하지만 이름도, 얼굴도 모르는 그 두 분의 아들들이 나는 개인적으로 조금 안쓰러웠다. 만약 그 두 아이가 내 아들이었다면 아마도 10대 시절 내내 아빠인 나의 칭찬을 들으면서 살았을 것이다. 나의 '칭찬 기준'에는 아들이 엄마 아빠의 짐을 대신 들어주는 행동도 칭찬할 만한 일이기 때문이다. 하지만 안타깝게도 그 부모님들의 칭찬 기준에는 그런 행동이 포함되지 않았던 것 같다.

가족보다도 더 많은 시간을 보내는 직장 동료 사이에서도 마찬가지다. 나의 전 직장 팀장님은 표현을 잘 하지 않는 분이었는데, 그래서 칭찬을 들었던 기억도 거의 없다. 그렇다고 그분이 나쁜 상사였느냐 하면 그렇지 않았다. 분명 따뜻하고 좋은 분이셨고 업무 면에서도 나무랄 데 없는 리더였다. 성품과 능력은 모두가 알고 있었지만 과묵하고 무뚝뚝한 성격 탓에 잘못했을 때에도, 잘했을 때에도 꾸중이나 칭찬을 하는 법이 없었다. 어쩌면 팀장님은 회사에서 부하 직원이 맡은 일을 잘하는 건 너무 당연한 일이라 굳이 칭찬할 필요가 없다고 생각했을 수도 있다. 하지만 일에 대한 피드백을 전혀 받지 못하다 보니 '못했을 때 꾸중을 해도 괜찮으니 잘했을 때는 기분 좋게 칭찬 좀 해주시지'라고 생각했던 적도 많다. 아마도 잘못했을 때보다 잘했을 때가 더 많아서 억울했던 걸지도 모르겠다. 그런 경험이 있기에 지금도 나는 만나는 모든 사람에게 칭찬을 많이, 그리고 잘하려고 항상 노력하는 편이다. 별거 아닌 일에도 고맙다고, 잘했다고 말하고 칭찬을 할 때도 항상 뭘 잘했는지 구체적으로 언급하려고 한다.

'세상에 당연한 건 아무것도 없다!'라는 생각을 가진 사람에게는 일상의 모든 순간이 감사할 일이고 모든 것이 칭찬할 거리가 된다. 한 유명인이 불우한 이웃을 위해 5천만 원을 기부했다는 뉴스를 보고 "쯧쯧. 쟤가 버는 돈이 얼만데 5천만 원밖에 안 하냐. 저 정도 벌면 1억은 해야지."라고 생각하는 사람도 있지만 "우와. 돈이 아무리 많아도 자기 주머니에서 천 원짜리 한 장 나오는 게 절대 쉬운 일 아닌데. 정말 멋지다."라고 생각하는 사람도 있다. 어떤 사람 옆에 있어야 더 많은 칭찬을 들을 수 있을까? 그리고 당신이라면 두 사람 중 누구와 가깝게 지내고 싶을까? 당연히 후자일 것이다. 칭찬의 기준을 머리 꼭대기가 아닌 발바닥에 붙여야 하는 이유다.

특히 아이들을 키우는 부모에게는 칭찬의 양이 훨씬 중요하다. 어린 시절부터 아이에게 아낌없이 칭찬을 해줘야 하는 이유는 청소년기에 듣는 부모의 칭찬이 가장 큰 효과를 발휘하기 때문이다. 이미 다 큰 성인이 되어서 듣는 칭찬과 정서가 형성되는 10대 시절에 듣는 칭찬은 분명히 의미가 다르다. 아이들이 세상을 거침없이 나아갈 힘을 줄 수 있는 10대 시절, 다시 오지 않을 소중한 칭찬의 기회들을 놓치지 않기 위해서라도 칭찬의 기준을 최대한 낮춰서 칭찬을 자주 건네는 부모가 돼야 한다.

칭찬의 양을 늘렸다면 다음으로 '질'도 높여보자. 칭찬을 할 때는 구체적으로 하는 것이 질적으로 더 좋다. 회사의 프로젝트에서 좋은 활약을 한 부하 직원에게 "○○ 씨. 잘했어요!"라고 칭찬할 수도 있지만 "이번에 ○○ 씨가 작성한 PPT가 아주 좋았어요. 아이디어도 기발했고 구성과 디자인도 너무 좋았어요. ○○ 씨가 만들어준 자료 덕분에 프로젝트 성공했어요!"라고 잘한 부분을 구체적으로 언급하며 칭찬을 할 수 있다. 엄마의 짐을 대신 들어준 아들에게 그냥 "고마워!"라고 말해도 좋지만 가끔은 "아들! 너도 힘들 텐데 항상 엄마 짐 들어줘서 고마워."라고 구체적으로 칭찬을 하면 더 좋다.

칭찬을 구체적으로 해야 하는 이유는 듣는 사람이 자신이 한 일에 대한 좋은 평가를 직접 들어야 자신의 행동에 대해 효능감을 얻고, 그렇게 칭찬으로 인한 즐거움이 더 커지기 때문이다. 동시에 자신이 무엇을 잘했는지를 명확하게 알 수 있기에 다음에도 같은 행동을 의식적으로 더 많이 해야겠다는 동기를 부여해준다.

상대방의 행동이 얼마나 멋지고 좋은 행동인지 알려주는 것이 구체적 칭찬이다. 모르면 못 하지만 알면 할 수 있게 된다. 이렇듯 칭찬은 좋은 행동으로 이어지고, 그 좋은 행동은 다시 칭찬으로 이어진다. 그리고 그 칭찬은 또다시 좋은 행동으로 이어진다. 이것이 바로 칭찬의 선순환이다.

겸손을 미덕으로 여기는 우리 문화에서 구체적으로 칭찬하는 것이 어쩌면 조금 어색하고 불편하게 느껴질 수도 있다. 왠지 호들갑을 떠는 것도 같아 부끄러운 기분마저 든다. 하지만 칭찬에서만큼은 절대 호들갑도, 생색도 없다. 그러므로 인간관계에서 긍정의 선순환을 불러오고 싶다면 최대한 자주 그리고 구체적으로 칭찬을 하길 권한다.

칭찬은 두 가지 기능을 한다. 상대를 칭찬받을 만한 멋진 사람으로 만듦과 동시에 나를 칭찬할 줄 아는 좋은 사람으로 만든다. 남에게도 좋고 나에게도 좋은 일이니 하지 않을 이유가 없다. 심지어 돈 한 푼 들지 않는 일이고 말이다!

✳ ———

칭찬은 하는 사람과 받는 사람 모두를
멋진 사람으로 만들어준다.
칭찬을 할 때는 기준을 낮추고,
자주, 구체적으로 하자.

# 칭찬과 비난을
# 한 문장에 넣지 말 것

'정의'가 중요한 가치로 자리 잡은 오늘날, 형평성은 모든 분야에서 요구되는 중요한 가치다. 어느 쪽으로도 치우치지 않은 '공평'을 의미하는 형평성은 차별이 없는 세상을 위해 반드시 필요한 가치임에 틀림없다. 하지만 칭찬과 관련해서는 이 형평성을 잘 적용해야 한다. 잘못된 형평성은 우리 사회에 필요한 '칭찬의 절대량'을 줄일 수 있기 때문이다.

나는 바람직한 소통과 매너에 대해 강의하는 강사로서 누군가의 좋은 행동을 칭찬하는 것이 일인 사람이다. 그래서 유튜브 채널에 유명인들이 보여준 멋진 매너를 소개하고 이를 분석하여 크게 칭찬해주는 영상을 올리고 있다. 내 칭찬의 대상이 되는 유명인들 중에는 아이돌 그룹의 멤버도 많다. 다만 그룹의 멤버들을 다 칭찬하는 경우는 거의 없고 그중 한두 명 정도만을 칭찬하게 된다. 왜냐하면 매너라는 건 그 자리에 있는 모든 사람이 동시에 할 수 있는 행동은 아니기 때문이다. 예를 들어, 무거운 짐을 들고 있는 어르신 주변에 열 명의 사람이 있다고 해서 열 명 모두가 그분의 짐을 들어드릴 수는 없는 법이다. 어르신의 가장 가까이에 있는 사람이나 어르신을 가장 먼저 발견한 사람이 짐을 들어드리는 게 당연한 일이다. 그래서 칭찬은 주로 불특정 다수보다는 특정 소수를 향하는 경우가 많다.

이런 이유로 내가 그룹의 여러 멤버들 중 한 명을 칭찬하는 영상을 올리면 "그 멤버만 칭찬하면 같이 있던 다른 멤버들은 뭐가 되나요?"라고 불편함을 표출하는 댓글이 종종 달린다. 이것이 바로 칭찬의 '잘못된 형평성'이라고 할 수 있다. 칭찬에 대한 이런 생각들은 나도 모르게 칭찬을 '검열'하게 만들고, 마땅히 해야 할 칭찬을 생략하게 만든다. 나는 그저 좋은 마음으로 누군가를 칭찬했을 뿐인데 마치 그 행동이 잘못된 것처럼 느껴지기 때문이다.

그렇다면 칭찬에서의 올바른 형평성이란 무엇일까. 소통 강의 중 만난 한 중년의 남성분께서 칭찬도 해본 사람이 잘한다며 내게 해준 이야기가 있다. 그분께는 아이가 세 명 있는데, 첫째가 학교에서 좋은 성적을 받아와 온 가족이 모여 저녁을 먹는 자리에서 첫째를 칭찬해주려고 했단다. 그런데 말을 하다 보니 둘째와 셋째의 표정이 좀 어두워지는 것 같아서 칭찬을 제대로 하지도 못하고 그만두었다고 했다. 그분은 이런 상황이라면 나중에 첫째만 따로 불러서 다시 칭찬을 해줘야 하는 거냐며 내게 해결 방법을 물었다.

첫째아이가 10만큼의 좋은 일을 했을 때 10만큼의 칭찬을 해줬다면 나중에 둘째아이가 10만큼의 좋은 일을 했을 때 10만큼의 칭찬을 해주는 것이 형평성이다. 같은 10만큼의 좋은 행동에 대해 첫째에게는 10만큼의 칭찬을 주고 둘째에게는 5만큼의 칭찬을 준다면 둘째는 당연히 불공평하다고 느낄 것이다. 동일한 좋은 행동에 대해서 동일한 칭찬을 해주는 것. 이것이 칭찬의 진정한 형평성이다.

하지만 현실적으로 생각해보면 칭찬을 받지 못하는 주변 사람이 기분 상할까 걱정하는 그 마음도 이해가 간다. 실제로 누군가는 칭찬받는 사람의 옆에서 민망하고 불쾌한 감정을 느낄 수도 있는 일 아닌가. 그렇다고 해야 할 칭찬을 생략해서도 안 될 일이니 우리가 신경 써야 할 부분은 칭찬을 하는 상황에서 그 누구도 불편하지 않은 상황을 만드는 것이다. 이런저런 걱정들로 칭찬을 건너뛰거나, 칭찬을 하더라도 조마조마한 마음으로 하는 게 아니라, 스스럼없이 칭찬하고 칭찬을 받지 못하는 주변 사람도 함께 기뻐하고 축하해줄 수 있는 분위기를 만들어야 한다. 그리고 그렇게 하기 위해서는 반드시 칭찬과 비난을 분리해야만 한다.

예를 들어 팀장이 팀원들이 모두 모인 회의 시간에 뛰어난 성과를 낸 팀원을 칭찬한다고 생각해보자.

"○○ 씨! 이번에 실적 1등 했네요! 축하합니다. 덕분에 우리 팀 실적도 최고네요. 고마워요!"

인자한 미소와 따뜻한 말투로 칭찬을 건네고 나서 그는 180도 돌변해 다른 사람을 향해 정색하며 말한다.

"다른 분들은 뭐하신 겁니까? ○○ 씨가 이렇게 실적 낼 동안 뭐하셨어요? 분발 좀 해주세요."

실적으로 경쟁하는 회사뿐만 아니라 가정에서도 이런 일이 일어난다. 가령 첫째가 좋은 성적을 받은 날 저녁 식사 자리에서 아빠가 칭찬을 건넨다.

"와. 우리 첫째 1등 했구나! 너무 잘했어! 아빠가 너무 기분 좋다. 열심히 해줘서 고마워!"

그러고는 바로 둘째, 셋째를 향해 잔소리를 덧붙인다.

"언니, 누나 하는 거 옆에서 보면서 뭐 느끼는 거 없어? 너네도 열심히 좀 하자! 알겠지?"

이렇게 칭찬과 비난을 붙여서 하게 되면 그 누구도 다른 사람이 칭찬받기를 원하지 않게 된다. 누군가에 대한 칭찬이 곧 나에 대한 비난이 되리라는 걸 경험적으로 알기 때문이다.

칭찬과 비난의 분리는 이렇게 함께 생활하는 조직 구성원 혹은 가족 구성원들 간의 관계 측면에서도 꼭 필요하지만 칭찬을 받는 개인에게도 매우 중요하다. "우리 딸! 이번에 1등 했구나. 너무 잘했어! 아빠가 진짜 행복하다! 잘해줘서 고마워!"라는 좋은 칭찬 뒤에 "그러게 진작 좀 하지. 이렇게 잘할 수 있었는데 그동안 왜 안 했어."라는 말을 덧붙인다면 현재에 대한 칭찬과 과거에 대한 비난을 동시에 하는 것이 된다. 이러면 칭찬이 가지는 의미가 줄어들 뿐만 아니라 칭찬받아 생겨난 기쁨도 상쇄된다. 지난 일에 대한 의미 있는 조언이 아닌, 상대를 탓하기만 하는 비난은 아무것도 바꾸지 못하고 상대의 마음을 스치며 상처만 남길 뿐이다.

물론 살다 보면 때로는 아끼는 상대를 위해 좋은 마음으로 하는 지적, 조언, 비판이 필요할 때도 있다. 설령 이런 말들을 해야 할 때가 있더라도 칭찬과 비난을 한 문장에 넣는 것은 결코 긍정적인 효과를 내지 못한다. 그러므로 칭찬의 긍정적인 효과를 상대방이 아낌없이 다 누리길 원한다면 칭찬과 비난의 시간과 공간을 완전히 분리시켜서 해야 한다.

머릿속으로 이런 장면을 떠올려보자. 칭찬을 하는 한 사람이 있고 그 칭찬을 받으며 기뻐하는 한 사람이 있다. 그리고 그 사람 주변에 진심으로 축하하며 크게 박수를 치는 다른 여러 사람들이 있다. 칭찬을 못마땅하게 여기는 사람도 없고 그 칭찬에서 소외되는 사람도 없다. 모두가 즐겁다. 그 기분 좋은 장면을 볼 수 있는 곳이 당신의 회사였으면, 당신의 가정이었으면, 그리고 우리 사회였으면 좋겠다.

＊ ─────

잘못된 형평성에 사로잡혀
해야 할 칭찬을 생략하지 말자.
또한 칭찬과 비난은 반드시
다른 시간, 다른 공간에서 해야 한다.

# "알았어"가 아닌
# "좋아!"라고 말해야 하는 이유

"혼자 살 때가 좋았다."

요즘 A가 친구들을 만나 술을 한잔할 때면 제일 많이 하는 말이다. 절대로 아내와 아이가 함께하는 지금의 결혼 생활이 불행해서가 아니다. 그의 가족은 남이 보기에도, 그가 생각하기에도 큰 문제없이 화목하게 잘 살고 있다. '혼자 살 때가 좋았다'는 푸념은 어디까지나 그의 자신감 그리고 자존감과 관련된 얘기다. 아이가 태어나고 육아를 시작하면서 뭔가를 그의 마음대로 결정할 수 없는 상황을 자주 만나게 됐다. 당연히 중대한 결정은 아내와 상의해서 결정해야 하지만 일상의 사소한 일조차도 그가 결정할 수 없다는 게 문제였다.

"자기야, 그거 말고 이 옷 입혀."

"자기야, 아기 과자 그거 말고 이걸로 사."

"자기야, 시원한 물 말고 미지근한 물로 먹여."

"자기야, 지금 말고 조금 이따가 밥 먹여."

그가 뭐만 하려고 하면 어김없이 아내의 반대가 들려왔다. 한두 번도 아니고 몇 년째 반복되다 보니 이제는 항상 뭔가를 하려고 할 때마다 조마조마하고 이걸 해도 되나 하는 생각이 든다. 혼자서 아이 옷이나 장난감 하나도 고르기 어려워졌다. 혼자 들른 옷가게에서 맘에 드는 아이 옷을 몇 번이나 들었다 놨다 하다 결국은 사지 못하고 돌아오기 일쑤였다. 괜히 자신의 마음대로 샀다가 왜 이런 걸 샀냐는 타박을 들을 것 같았다. 하는 일마다 족족 부정당하는 게 일상이 되다 보니 A는 주눅이 들어버렸다. 도저히 견딜 수 없어서 얼마 전에 아내에게 이런 마음을 진지하게 털어놓았는데, 아내의 대답을 듣고 A는 그만 온몸에 힘이 빠져버렸다.

"응? 내가 그랬어? 아닌데. 안 그랬는데…… 아, 그랬나?"

아내는 자신이 남편의 사소한 결정들을 매번 부정하고 있었다는 사실조차 모르고 있었던 것이다!

자기를 존중하는 마음인 '자존감'과 어떤 일을 해낼 수 있다는 믿음인 '자신감'은 내가 실제로 있다고 생각하는 느낌인 '존재감'으로부터 시작된다. 나를 존중하려면, 혹은 나의 능력을 믿으려면 당연히 내가 존재해야 하기 때문이다. 믿고 존중할 대상이 없다면 애초에 존재하지 않을 감정들이 바로 자신감과 자존감이다.

그렇다면 나라는 사람이 실제로 존재한다는 느낌은 언제 받을 수 있을까. 바로 스스로 무언가를 결정할 수 있을 때다. 어떤 물건을 사고 어떤 길로 가고 어떤 음식을 먹을지 내 마음대로 결정할 수 있는 때 우리는 스스로의 존재감을 확인한다. 그래서 선택권이 있다는 것이 중요하다. 반대로 어떤 것도 내 뜻대로 할 수 없다면 나의 존재는 희미해진다. 남이 시키는 일을 그대로 하며 살아야 한다면 과거의 노예나 현대의 로봇처럼 인격 없이 살아가는 것이나 마찬가지다. 현대사회를 사는 우리 모두는 노예가 되어서도, 로봇이 되어서도 안 된다.

하지만 이 당연한 이치를 알고 있음에도 우리는 종종 누군가의 선택을 부정하는 언행으로 한 사람의 존재감을 흐릿하게 만드는 실수를 저지르곤 한다. 이때의 실수는 단순히 타인의 선택을 부정적으로 평가하는 것을 넘어 그 선택 자체를 바꾸도록 강요하는 것까지 포함한다. 이러한 말은 상대방이 내린 선택과 결정이 잘못됐다는 메시지를 전한다. 이 때문에 이런 지적을 계속해서 받은 사람은 '다른' 사람이 아니라, '틀린' 사람이 되어버린다. 그리고 이런 경험이 반복되면 자신의 선택을 신뢰하지 못하고 결국 모든 일의 결정을 남에게 의존하게 된다.

이런 사람들을 가리키는 대표적인 말이 바로 마마보이/마마걸, 파파보이/파파걸이다. 뭔가를 결정해야 할 때마다 엄마에게 전화를 걸어 "엄마. 나 이거 해도 돼?"라고 묻는, 다소 우스운 모습으로 그려지는 사람들 말이다. 이들이 이렇게 지나치게 의존적인 사람이 되는 이유는 아주 오랫동안 그 사람의 모든 선택을 '틀린 것'으로 규정하고 심지어 이미 내린 결정까지 뒤바꿔버리는 부모의 태도 때문일 수도 있다. 여기에서 더 나아가 상대를 뜻대로 휘두르려는 나쁜 의도로 상대의 생각을 부정하는 것이 요즘 문제가 되는 가스라이팅이다.

물론 인생의 중차대한 문제에 대한 결정을 내릴 때는 주변 사람들과 상의해서 최선의 결과를 이끌어내는 것이 현명한 행동이다. 하지만 일상의 사소한 일들까지 그렇게 할 필요가 있을까. 어떤 옷을 입고 어떤 신발을 신을지, 오늘 저녁엔 뭘 먹고 마실지는 굳이 최선의 결과를 내지 않아도 괜찮은 일이다. 그러니 이런 사소한 일에 대한 타인의 선택이 비록 내 취향과 다르고 내 마음에 들지 않는다고 하더라도 온전히 인정하고 받아들이는 게 좋다. 특히 육아나 살림, 가계 같은 여러 사람이 함께 관여된 일에서 선택의 권리는 나에게도 있지만 남에게도 있다는 것, 타인의 선택을 수용하는 일은 곧 그 사람 자체를 수용하는 것임을 기억해야 한다.

한 사람의 인격에 부정의 경험이 나쁜 영향을 미친다면, 반대로 긍정의 경험은 좋은 영향을 가져온다. 나의 사랑스러운 딸은 태어나고 두 살 무렵부터 말을 하기 시작했다. 모든 아이는 말을 하는 순간부터 부모에게 제안을 하기 시작한다. 우리 딸도 마찬가지였다. "아빠. 나랑 병원 놀이 할래?", "아빠. 색칠 공부 같이 할래?", "아빠. 씽씽카 타러 가자!" 등의 제안을 시도 때도 없이 건넸다. 당연히 딸의 제안을 수락할 때도 있고 거절할 때도 있었다. 하지만 거절할 때는 반드시 이유를 말해주었고 딸의 이런 제안들을 받아들일 때는 한 번도 빠짐없이 신나는 목소리로 "좋아!"라고 대답했다.

딸의 말에 그냥 '그래'나 '알았어'가 아니라, 일부러 "좋아!"로 대답한 데에는 나름의 이유가 있었다. 딸아이가 자신의 제안이 누군가로부터 기쁘게 받아들여지는 경험을 많이 했으면 했다. 그리고 그 경험을 선사하는 사람이 아빠인 나였으면 했다. 딸이 아기 때는 물론이고 성인이 되어서도 아빠인 나에게는 언제든지, 그 어떤 제안이라도 거리낌 없이 편하게 말할 수 있기를 바랐기 때문이다. 이런 사소한 부분을 신경 쓰는 것이 딸아이와 아빠인 내가 오래오래 가깝게 지낼 수 있는 방법 중 하나라고 생각한다.

이렇게 "좋아!"라는 대답을 들려준 결과, 딸 역시 다른 사람의 제안에 항상 "좋아!"라고 대답하는 습관이 들었다. 예상치 못했던 결과였지만, 사실 아이는 부모의 거울이니 어쩌면 당연한 일이었다. 실제로 아이의 어린이집 선생님께 "아버님, 은유는 '좋아!'라는 말을 진짜 많이 써요."라는 말을 들은 적도 있다. 그저 딸에게 긍정적인 경험을 주고 싶었던 나의 행동이 딸도 누군가에게 긍정적인 경험을 전해주는 사람이 되는 결과로 이어진 것이다. 부모가 자식에게 물려줄 수 있는 것이 비단 거액의 재산만은 아니다. 긍정적인 말투 하나가 주변 사람들에게 좋은 기운을 내뿜고 늘 환영받는 사람이 될 수 있게 만든다고 믿는다. 그렇기에 이 사소한 습관도 아빠인 내가 딸에게 물려줄 수 있는 좋은 자산일 것이다.

원수 사이가 아니고서야 알면서도 타인에게 상처를 주려는 사람은 세상에 없다. 당신도 그럴 것이다. 하물며 나와 일상을 함께 공유하는 가까운 사람에게는 더더욱 그럴 수밖에 없다. 하지만 나도 모르게 하는 것이 실수다. 나의 배우자가, 나의 아이들이 뭔가를 자신 있게 결정하지 못할 때마다 왜 그렇게 우유부단하고 소심하냐며 비난하기 전에 혹시 나로 인해 가족들이 망설이는 태도를 갖게 된 건 아닌지, 또 나는 가족들이 하고 싶은 일을 마음껏 할 수 있도록 지지해주고 있는지를 생각해봐야 한다.

✳ ————

인간은 선택의 자유를 누릴 때
비로소 자신의 존재감을 느낀다.
나의 선택이 존중받아야 마땅하듯
상대의 선택도 존중받아야 한다.

# 때로는 말에도
# 포장이 필요하다

소통 강연에서 한 부부가 서로의 대화법이 너무 다르다며 고민을 들려준 일이 있었다. 남편은 아내가 아이를 낳고 나서 말투가 너무 차갑게 변했다고 토로하고 있었고, 아내는 자기가 욕을 한 것도 아니고 대체 뭘 잘못한 건지 모르겠다는 입장이었다. 서로 어떻게 대화하느냐고 묻자 그들은 보통 이런 식으로 대화를 나눈다고 말했다.

남편: (마트에서) 여보, 나 이거 하나 사도 돼?
아내: 안 돼! 쓸데없는 데 한눈팔지 말고 빨리 오기나 해!

남편: 여보, 나 마트 왔는데, 혹시 집에 우유 남았어?

아내: 몰라! 그걸 내가 어떻게 알아! 나도 밖에 있는데.

아이: 엄마! 뭐 간식 먹을 거 없어요?

아내: 없어! 간식은 무슨 간식이야! 이따가 밥 먹어야 되는데.

남편: 자기야, 오늘 주말인데 청소 할까?

아내: 싫어! 피곤해 죽겠는데 뭔 청소야. 하려면 자기가 해!

남편은 이런 아내의 말투가 찬바람이 쌩쌩 불다 못해 날카로운 말투로 느껴진다며 좀 더 부드럽게 말해줬으면 좋겠다고 했다. 그러자 곧 아내의 반박이 이어졌다.

"아니, 없어서 없다고 하고, 몰라서 모른다고 하고, 싫어서 싫다고 한 건데 그게 뭐가 문제죠? 전 그냥 사실을 말했을 뿐인데요."

아내의 말을 들은 남편의 그 시무룩한 표정이 나는 아직도 잊히지 않는다.

같은 말을 하더라도 말을 예쁘고 부드럽게 하는 사람이 있고, 왠지 듣기 싫고 거칠게 하는 사람이 있다. "쟤는 꼭 말을 저런 식으로 하더라." 같은 생각이 들게 만드는 사람 말이다.

대화를 구성하는 요소에는 '소리(말)' 외에도 정말 많은 것들이 있다. 사용하는 단어, 목소리의 크기, 말투, 말을 내뱉을 때의 자세와 동작, 그리고 표정 등이 모두 대화의 구성 요소에 들어간다. 그리고 어떻게 보면 특별할 것 하나 없는, 이런 사소한 요소들에 의해 대화 상대의 기분이 결정된다. 대화의 여러 요소를 어떻게 활용하느냐에 따라 상대가 나의 말을 다르게 받아들이는 것이다. 그리고 이런 사소한 요소들은 부정이나, 거절, 반려 같은 반갑지 않은 내용을 전달할 때 훨씬 더 중요한 역할을 한다. 그래서 '쿠션 대화'가 필요하다.

딱딱한 의자 위에 푹신한 쿠션을 놓아 편안하게 만들듯이 대화에서도 불편한 말을 할 때 부드러운 단어와 말투를 사용하여 상대방이 느끼는 불쾌감을 줄일 수 있다. 사실 쿠션 대화는 서비스업에서 특히 강조되는 대화 방법이다. 서비스업의 특성상 고객의 요구 사항을 들어줄 수 없는 순간이 생기기 마련인데 이때 거절당하는 고객의 기분이 상하지 않도록 완곡한 표현을 써서 부드러운 말투로 전달해야 한다. "그건 안 됩니다."보다는 "죄송하지만 회사 규정상 어려울 것 같습니다."가, "그 제품은 없어요."보다는 "죄송하지만 그 제품은 저희가 가지고 있지 않습니다."가, "누구시죠?"보다는 "실례지만 어떻게 오셨습니까?"라고 말하는 것이 덜 불쾌하게 느껴지기 때문이다.

누군가는 쿠션 대화가 비효율적이라고도 한다. '그냥 안 되면 안 된다고 하고 없으면 없다고 하는 게 더 낫지 않냐, 그걸 불쾌하게 받아들이는 쪽이 이상하다'라고 생각하기도 한다. 물론 단답형의 대답이 아무렇지 않은 사람도 있지만 이를 불쾌하게 느끼는 사람도 분명히 있다. 사람의 감정은 아주 단순한 이유로도 시시각각 변한다. 사람마다 각기 다르게 느끼는 이 감정의 차이는 고맥락 문화와 저맥락 문화의 개념을 통해 이해할 수 있다.

미국의 인류학자 에드워드 홀은 1976년 자신의 저서 《문화를 넘어서》에서 고맥락high context과 저맥락low context의 개념을 제시했다. 이 개념을 단순하게 설명하자면 의사소통에서 맥락context의 중요도가 높은 문화가 있고 낮은 문화가 있다는 것이다.

이 개념에 따르면 고맥락 문화에서는 의사소통 시 언어가 가진 의미 이외에 상황이나 관계에 따른 암묵적인 숨은 의미가 존재하는 경우가 많기 때문에 대화 앞뒤의 맥락을 고려해야 한다. "나는 괜찮아."라고 말하더라도 표정이나 말투를 종합적으로 고려하여 실제로 말하고자 하는 의미를 파악해야 하는 것이다. 이렇듯 고맥락 문화에서 생활하는 사람들은 간접적인 의사소통을 더 편하게 느끼고 선호하는 경향이 있다.

반대로 저맥락 문화에서는 의사소통을 할 때 언어로 드러나는 명확한 메시지와 직접적인 표현을 더 선호한다. 이런 문화 속에서 사는 사람들은 자신의 의견이나 자신의 현재 상황을 있는 그대로 솔직하고 분명하게 언어로 표현하는 것을 당연하게 여긴다.

회사에서 상사와 부하 직원이 하는 대화를 예로 들어보자. "상화 씨! 이번 계약 진행하느라고 힘들었죠? 수고했어요. 다 너무 좋았는데 조금만 더 디테일에 신경 쓰면 좋을 것 같아요."가 부드럽고 간접적으로 의견을 전달하는 고맥락 문화의 대화라면, "상화 씨! 이번 계약 진행하느라고 힘들었죠? 수고했어요. 근데 견적서 쓸 때 항목을 너무 광범위하게 넣었어요. 항목을 조금 더 세분화하고 항목별로 설명을 추가하면 더 이해가 잘 될 거예요."가 문제와 조언을 직접적으로 언급하는 저맥락 문화의 대화라고 할 수 있다.

이러한 개념을 우리가 지금 이야기하고 있는 대화와 연결 지어 정리하자면, 고맥락 문화권의 사람들은 저맥락 문화에서 쓰는 의사소통 방식, 즉 구체적이고 명확한 표현, 직접적인 사실의 가감 없는 전달, 모호함을 최소화한 논리 기반의 대화를 낯설고 불편하게 느낀다.

우리나라는 대표적인 고맥락 문화권 국가 중 하나다. 그렇다고 해서 우리나라의 모든 사람이 완곡한 의사소통을 선호한다고 할 수는 없지만 그런 경향이 있는 것만은 분명하다. 그렇기 때문에 상대를 배려하는 대화를 하려면 '안 돼!', '없어!', '몰라!', '싫어!' 같은 말들이 듣는 사람의 기분을 상하게 할 수도 있음을 이해해야 한다. 내 의견이나 상황을 사실대로 전달했을 뿐인데 불쾌함을 느낀다는 게 논리적으로 이해가 되지 않을 수도 있다. 하지만 때로 논리보다 현실이 중요한 순간이 있고 말하는 사람의 의도와 듣는 사람의 기분이 정반대인 경우도 있는 법이다. 집에 우유가 남았냐고 묻는 남편에게 "몰라! 내가 그걸 어떻게 알아!"가 아니라 "글쎄. 나도 잘 모르겠네. 이따가 집에 가서 확인해볼게."라고 말할 수도 있고, 간식이 없냐고 묻는 아이에게 "없어! 간식은 무슨 간식이야! 이따가 밥 먹어야 되는데."가 아니라 "어쩌지. 간식이 똑 떨어졌는데. 배고파? 밥 일찍 먹을까?"라고 말할 수도 있다.

상처 주지 않는 대화를 하는 법은 간단하다. 단호하게 단어만 짧게 말하지 말고 부드러운 단어를 써서 조금 길게 말하면 된다. 한마디면 될 걸 쓸데없이 길게 말한다고 생각하지 않았으면 한다. 상대를 배려하기 위해 몇 마디를 조금 더 붙이는 대화에 효율의 잣대를 들이대는 것은 너무 삭막하지 않은가. 내가 하는 약간의 배려로 소중한 사람의 기분을 지켜줄 수 있다면 충분히 즐겁게 바꿀 수 있는 대화 습관이다.

이런 쿠션어를 쓰는 것이 단지 상대의 기분을 배려해야 하기 때문만은 아니다. 단칼에 자르는 듯한 단호한 표현은 상대에게 자신의 제안이 거부당했다는 불쾌함은 물론 더 이상 대화의 '여지'가 없다는 느낌까지 준다. 결국 그런 식으로 계속 말하다 보면 소통이 되지 않는, 소통하기 싫은 사람이라는 인식이 자리 잡고 만다. 매번 '안 돼!'라고 말하는 사람에게는 두 번 다시 부탁하지 않을 것이며, '싫어!'라고 말하는 사람에게는 두 번 다시 제안하지 않을 것이다. 그러다 보면 자연스럽게 대화가 줄어들고 관계는 슬금슬금 멀어진다.

누군가에게 어떤 행동을 요구할 때도 명령보다는 부탁의 말을 쓰는 것이 좋다. "아들, 창문 열어!"보다는 "아들, 창문 좀 열어줄 수 있어?"라는 말이, "여보, 분리수거 좀 하고 와!"보다는 "여보, 이거 분리수거 해줄 수 있어?"라는 말이 상대의 기분을 배려할 수 있는 부드러운 말이다. 명령하는 말을 부탁하는 말로 바꾸는 순간, 상대방은 누군가의 명령에 억지로 따르는 사람에서 누군가의 부탁을 자발적으로 들어주는 사람이 된다. 누구나 후자 쪽의 사람이 됐을 때 기분 좋은 법이다.

이처럼 내가 쓰는 말은 곧 한 사람의 존재를 결정한다. 실제로 좋은 소통을 하는 화목한 가족들은 부모와 아이들이 서로에게 조금은 길고 부드러운 부탁의 말을 습관처럼 쓰는 모습을 많이 볼 수 있다.

지금 입 속에 상대의 마음에 생채기를 내는 날카로운 칼 같은 말을 머금고 있는지, 상대를 편안하게 만드는 부드럽고 푹신한 쿠션 같은 말을 머금고 있는지 한번 살펴보자.

✳︎ ──────

대화에 효율의 잣대를 들이대지 말자.
약간의 배려가 들어간 쿠션 대화로
소중한 사람의 기분을 상하지 않게 할 수 있다면
이것이야말로 가장 효과적인 대화다.

# 말의 힘을
# 멋지게 사용하는 방법

사람은 자신이 가진 힘을 어떻게 사용하느냐에 따라 완전히 다른 호칭을 부여받는다. 강한 힘으로 남의 것을 빼앗으면 '깡패'가 되고 강한 힘으로 깡패를 물리치면 '영웅'이 된다. 같은 힘이지만 남을 괴롭히는 데 쓸 수도 있고 남을 돕는 데 쓸 수도 있는 것이다. 나는 강의를 할 때 서로 다른 이 두 형태를 '멋'이라는 개념과 연결시켜, 전자를 '멋없는 태도'로, 후자를 '멋있는 태도'로 설명한다(물론 일상의 태도 영역에 국한해서 하는 말이다. 범죄를 단순한 멋없음으로 표현해서는 안 된다).

이 단순한 세상의 이치는 물리적인 힘 외에도 여러 곳에 적용된다. 여기서 말하는 힘은 돈이 될 수도, 말이나 글이 될 수도 있다. 남들보다 무언가를 뛰어나게 잘하거나 무언가를 많이 가지고 있다면 그건 모두 '힘'을 가진 것이다. 그리고 남들보다 편안하고 익숙한 상태 역시 힘이다. 어떤 무리에 이미 속해 있는 사람과 처음 들어온 사람 중에 전자가 일종의 힘을 가진 상태가 되는 것이다. 회사에 첫 출근한 신입사원이나 동호회 모임에 처음 참석한 사람은 이 익숙함과 편안함이라는 힘이 없는 상태다. 그런 이유로 뛰어난 친화력을 가진 사람이 아닌 이상 무리 지어 있는 기존의 사람들에게 먼저 다가가기가 정말 어렵다. 그들은 온몸으로 어색함과 민망함을 견딜 수밖에 없다. 원래 힘이 없는 자에게 선택권은 없는 법이기 때문이다.

바로 여기에서 힘을 가진 사람의 멋없음과 멋있음이 드러난다. 새로 온 사람을 괴롭히는 데에 자신의 힘을 쓰는 멋없는 사람들이 있다. 이제 막 들어온 사람이라는 이유로 기존 사람들과 의도적으로 떨어뜨려 놓고, 텃세를 부리고, 뒷담화의 대상으로 삼는다. 당사자가 특별히 뭔가를 잘못해서가 아니라 그냥 '내가 이곳에 더 오래 속해 있었다'는 특권의식이나, 신입 시절 당했던 경험을 그대로 되갚아주겠다는 보복심리 때문에 이런 짓을 벌이는 경우가 많다. 정도가 심할 때는 새로 들어온 사람이 결국 적응하지 못하고 무리에서 떠나는 경우(즉 퇴사나 탈퇴를 하는 경우)도 심심치 않게 발생한다.

반면에 이런 상황에서 언제나 멋있게 힘을 사용하는 사람도 있다. 이런 사람은 새로운 사람에게 먼저 다가가 인사를 건네고 자기소개를 한 뒤 상대의 소개를 청한다. 그리고 무리의 주위를 맴도는 신입을 무리의 안쪽으로 자연스럽게 이끈다. 동시에 다른 사람들에게 이 사람을 소개해주며 새로 들어온 사람이 느끼는 어색함과 민망함이 사라지도록 돕는다. 이런 사람은 먼저 무리에 들어와 이미 편안한 자신의 상태를 절대 특권으로 여기지 않는다. 또한 자신이 신입 시절에 겪었던 어색함과 민망함을 다른 사람은 겪지 않기를 바라는 마음을 가지고 있다. 어색함에 힘들어 하고 있을 신입의 마음을 헤아리는 따뜻한 공감의 마음만 있을 뿐이다. 자신의 힘을 누군가를 돕는 데 쓸 줄 아는 진정으로 멋진 사람이다.

사회생활을 해본 사람이라면 이런 멋없는 사람이나 멋있는 사람을 한 번쯤은 만나봤을 것이다. 나 또한 신입 사원 시절, 뻘쭘한 상태로 혼자 남겨진 나에게 먼저 다가와 인사를 건넨 팀장님을 잊지 못한다.

"아, 잘 왔어요! 우리 팀 신입 사원 맞죠? 앞으로 잘 부탁해요. 다른 팀원들과도 인사 나눠요."

팀장님은 다른 사람들과 나를 인사시키며 나를 자연스럽게 사람들 속으로 이끌어주었다. 나중에 알고 보니 팀장님은 나에게만 그런 게 아니었다. 새롭게 합류하는 직원이 있을 때마다 항상 가장 먼저 다가가 인사를 하고 소개를 시켰다. 그 멋진 모습을 보고 나도 저런 사람이 되어야겠다고 생각하며 많이 노력했던 것 같다. 회사뿐만 아니라 오래 몸담고 있던 자전거 동호회에서도 신입 회원이 들어오면 가장 먼저 가서 인사를 건네고 회원들을 소개해주었다. 그리고 그들이 최대한 어색해하지 않고 어울릴 수 있도록 도왔다. 그렇게 살다 보니 "나 여기 처음 왔을 때 먼저 말 걸어줘서 진짜 고마웠던 거 아세요?" 같은 인사도 자주 받게 되었다.

세상에 멋없는 사람이 되고 싶어 하는 사람은 없다. 나 역시 이런 경험이 많기에 '멋진 사람'이 되기 위해 노력하고 있고 나의 딸도 그런 사람이 되었으면 한다. 그래서 딸에게도 혼자 지내는 친구에게 먼저 말을 건네고, 적응하지 못하는 친구를 먼저 사람들 속으로 이끌어주라고 자주 말한다. 꼭 모든 사람과 친구가 되어야 하는 것은 아니지만, 무리에서 겉도는 친구가 있다면 딸이 처음 건네는 한 마디가 다른 친구들과 더 쉽고 재미있게 어울리는 계기가 될 테니까 말이다.

이 멋진 배려의 마음과 말은 회사나 학교 같은 외부 장소뿐만 아니라 가정 안에서도 꼭 필요하다. 한 가족이라면 엄마든 아빠든, 아들이든 딸이든 누구도 소외되지 않아야 한다. 그런데 간혹 길을 걷다 보면 엄마와 아들, 딸은 함께 걸어가는데 아빠만 혼자 떨어져서 걷는 가족이 보인다. 특별한 사정이 있는 것이 아니라면 이 아빠는 떨어진 거리만큼 가족에게서 소외되고 있는 것이다. 보통 부부 사이에 갈등이 있을 때 이런 일들이 벌어지는데, 한 사람이 아이들을 이끌고 무리를 만들면 자연스레 다른 사람이 무리에서 멀어지기 때문이다. 실제로는 배우자와의 거리를 두는 것이지만 배우자가 무리를 만들어버렸기 때문에 아이들과도 자연스럽게 멀어진다. 이렇게 홀로 남은 배우자는 원치 않게 가족 모두와 거리를 두게 되고 결국 관계 자체가 소원해지고 만다. 그래서 가족들끼리 길을 걸어갈 때도 가능하면 짝을 맞추는 게 좋다. 세 명이라면 다같이 걷고, 네 명이라면 적어도 두 명씩 짝을 지어 걷는 식으로 말이다. 어린 자녀들이 누군가가 혼자 떨어져 있는 상황에 익숙해지지 않게 해야 한다. 누군가가 소외되는 상황이나 누군가를 따돌리는 상황을 불편하게 느껴야 자신도 그런 행동을 하지 않기 때문이다.

물리적인 공간뿐만 아니라 온라인 공간에서도 마찬가지다. 가족 중 한 명만 빼놓고 대화하는 단톡방도 따로 떨어져서 길을 걷는 행동과 같다. 그나마 길을 걸을 때는 혼자 걷는 사람이 다른 가족들을 확인이라도 할 수 있지만 단톡방은 그 안에서 가족들이 어떤 말을 하는지조차 알 수 없기 때문에 소외감은 물론 불안감까지 느낄 수 있다. 가족만큼 중요한 인간관계인 친구들 사이에서도 이 모든 원칙은 똑같이 적용되어야 한다. 한 사람을 따돌리는 친구는 더 이상 친구가 아니다.

누군가는 이런 일이 어렵지 않은 일이고, 누구나 할 수 있는 당연한 일이 아니냐고 말할 수 있다. 하지만 생각과 다르게 현실에서는 이렇게 소외되는 사람이 없도록 적극적으로 행동하는 사람이 그리 많지 않다. 무리의 많은 사람 중에 오직 소수만이 이런 행동을 한다. 물론 적극적으로 다가가지 않은 사람을 모두 나쁘다고 말할 순 없을 것이다. 일 때문에 정신이 없을 수도 있고 내성적인 성격이라서 다가가지 못했을 수도 있으니까 말이다. 다만 그럼에도 소외된 누군가에게 먼저 다가가는 태도가 '좋은 태도'라는 것은 알아야 한다. 그 사실을 알면 당신도 언젠가 먼저 손을 내미는 멋진 사람이 될 수 있을 테니까 말이다.

＊ ────────

어색함으로 힘들어하고 있는 사람에게
따뜻한 공감의 손길을 내밀 때
당신은 일상 속 영웅이 될 수 있다.

# 다정하고 예쁜 말이
# 나의 경쟁력을 높인다

예쁘고 다정한 말을 잘하는 사람들이 있다. 누가 들어도 따뜻함이 느껴지고 상냥함과 친절함이 묻어나는 그런 말들을 스스럼 없이 하는 사람들이다. 이런 사람들은 같은 말을 하더라도 더 부드럽게 말하고 풍성하고 다채로운 표현을 쓸 줄 안다.

이런 말들은 의심의 여지없이 듣는 사람의 기분을 좋게 만든다. 만약 주변에 이렇게 말하는 사람이 있다면 당신은 아무나 가질 수 없는 즐거움을 누리는 복 받은 사람이다. 의외로 이런 다정한 표현력을 가진 사람이 흔치 않기 때문이다. 이를 반대로 돌려 말하면, 풍성하고 다채로운 표현으로 당신의 말에 다정함과 따뜻함을 담는다면 주변을 행복하게 만드는 멋진 사람이 될 수 있다는 뜻이다. 누구나 당신과 대화하고 싶어 하고 언제나 당신과 함께 하고 싶어 할 것이다.

이 다정한 말의 힘을 마음 깊이 느낀 적이 있었다. 딸이 10개월쯤 됐을 때였다. 제주도에 강연 일정이 잡혔는데, 제주도는 내가 좋아하는 여행지라 일을 하러 가는 김에 사랑하는 가족과 함께 짧은 여행을 즐기면 좋겠다는 생각이 들었다. 10개월짜리 아기를 데리고 비행기를 타는 일이 얼마나 힘든 일인지 미처 알지 못했을 때였다. '우리 애는 얌전할 거야'라는 초보 아빠의 호기로움으로 가족들과 함께 제주도로 향했다. 다행히 제주도로 갈 때는 아무 일 없이 잘 넘어갔지만 서울로 올 때 난리가 났다. 딸아이는 비행기를 탔을 때부터 김포공항에 도착해 내릴 때까지 거의 1시간 가까이를 울어 제꼈다. 어떻게든 달래보려고 과자를 먹이고 영상을 보여주고 어르고 달랬지만 실패했다. 김포 공항 활주로에 비행기가 멈춘 순간 모든 승객들이 짐을 찾으려고 일어났고, 아이를 안은 나와 옆의 아내도 벌떡 일어났다. 그리고 우리 부부는 곧바로 앞뒤에 앉은 승객들에게 사과를 했다.

"죄송합니다. 아기가 너무 울어서 시끄러우셨죠. 정말 죄송합니다."

그러자 그 말을 들은 뒷줄의 아주머니께서 우리 부부에게 이렇게 말씀하셨다.

"아유~ 그런 소리 하지 마세요. 우리 애기 얼마나 예쁘게 잘 왔는데. 애기가 너무 귀여워요. 건강하게 잘 커라~."

나는 깜짝 놀랐다. 만약 그 상황에서 무뚝뚝하게 그냥 "괜찮아요."라고만 답해줬어도 우리는 무척 고마웠을 것이다. 그런데 그 아주머니는 더 풍성하고 더 기분 좋은 표현들로 자신의 이해심을 드러낼 줄 아는 분이셨다. 그 순간 그 뒷줄에 서 계신 족히 일흔은 훌쩍 넘긴 듯 보이는 할아버지께서 말씀하셨다.

"죄송하다는 소리 하지 마세요. 요즘 같은 세상에 아기 울음소리 들을 수 있어서 영광이었어요."

나이 지긋하신 어르신이 '영광'이라는 단어까지 쓰면서 젊은 부부를 이해해주시다니! 이해한다는 마음을 저토록 따뜻하고 다채로운 말로 전달할 수 있는 표현력을 가진 멋진 어르신을 만나게 되어 오히려 우리 부부가 영광이었다.

이렇게 특별한 상황이 아니더라도, '영광'처럼 꼭 거창한 단어나 표현을 쓰지 않더라도 일상 속 여러 상황에서 할 수 있는 예쁜 말들은 수없이 많다. 그중 대표적인 말이 "좋은 하루 보내세요."다. 우리는 병원에 가면 진료실에서 의사와 마주 앉아 진료를 받는다. 진료가 끝나고 나올 때 어떻게 인사하는지 생각해 보면, 아마 대부분 "안녕히 계세요."나 "감사합니다."라고 말할 것이다.

이런 기본적인 인사말도 물론 좋은 표현이다. 아무 말 없이 진료실을 나서는 사람도 간혹 있으니 그에 비하면 훨씬 좋은 태도다. 개인적으로는 이럴 때 "감사합니다. 좋은 하루 보내세요!"라고 인사를 하는 것이 좋은 것 같다. 로비에서 수납을 도와준 직원에게도 "좋은 하루 보내세요."라고 말하며 병원 문을 나선다. 만약 금요일 오후나 토요일 오전이라면 "좋은 주말 보내세요."라고, 1월이라면 "새해 복 많이 받으세요."라고 인사한다. 나는 다정하고 친절하게 말하는 것이 어렵지 않은 사람이고, 다채로운 표현을 써서 말하는 즐거움을 잘 알고 있기 때문이다. 기왕에 인사를 할 거면 더 기분 좋게 하겠다는 마음이다.

실제로 병원에 서비스 교육을 다니며 만난 의사 선생님과 간호사 선생님들께 이야기를 들어보면 수십, 수백 명의 환자들 중 진료를 마치고 "좋은 하루 보내세요."라고 인사를 건네는 사람은 아예 없거나 극소수라고 한다. 바로 이 부분에서 예쁘게 말하면 얻을 수 있는 이점을 또 하나 알 수 있다. 바로 조금 더 친절하고 조금 더 따뜻한 말을 쓰는 것만으로도 내가 희소한 존재가 된다는 점이다. 그리고 그 희소성은 곧 경쟁력이 된다. 수십, 수백 명의 환자 중 매번 웃는 얼굴로 "좋은 하루 보내세요."라고 인사하는 환자는 당연히 기억에 남을 수밖에 없지 않을까?

언젠가 강의를 위해 부산에 갔을 때였다. 밤늦게 부산역에 도착해서 호텔로 이동하기 위해 택시를 탔다. 목적지에 도착해서 결제를 하고 내리면서 나는 늘 해왔던 것처럼 "감사합니다. 기사님. 좋은 밤 보내세요!"라고 인사를 드렸다. 그랬더니 기사님께서 깜짝 놀라며 이렇게 말씀하셨다.

"아이고 감사합니다. 손님. 그렇게 인사해주셔서 놀랐어요."

모두가 알고 있는 인사말이지만 의외로 현실에서 그 인사말을 쓰는 사람은 많지 않다.

물론 다채로운 표현을 써서 말하지 않아도 살아가는 데는 아무 문제가 없다. 그래서 강요할 수 없고 강요해서도 안 된다. 다만 좋은 대화를 하고 싶어 이 책을 읽고 있는 당신에게는 그렇게 말해보기를 적극 권하고 싶다. 따뜻한 몇 마디의 말을 더 하는 것만으로도 주변 사람들을 행복하게 만들 수 있을 뿐 아니라, 그 누구보다 눈에 띄는 경쟁력을 가진 단 한 명의 좋은 사람이 될 수 있기 때문이다.

✳ ────────

풍성하고 다채로운 표현으로,
좀 더 친절하고 다정하게 말해보자.
누구에게나 기억되는
특별한 사람으로 남을 수 있을 것이다.

# 좋은 관계를 지키는 배려의 말투

# 내 생각, 내 경험, 내 상태를
# 기준으로 삼지 않는다

대화가 갖는 여러 기능 중 하나는 바로 설득이다. 크든 작든 우리는 일상에서 꽤 자주, 누군가로부터 원하는 바를 얻어내기 위해 혹은 상대방의 생각을 바꾸기 위해 대화를 하며 산다. 이때 나와 다른 생각을 가지고 있는 상대를 나와 같은 생각으로 바꾸기 위해서는 '다름'을 인정하는 태도를 가져야 한다. '너는 나와 다르지만 이런저런 이유로 나와 같아지는 건 어때?'라고 설득하는 과정이 필요하다는 얘기다.

하지만 정작 현실에서는 이와 반대로 '나와 다른 너는 무조건 틀렸고 너는 나와 같아져야 돼!'라는 식의 말을 사용하는 경우가 많다. 이렇게 상대의 감정이나 상태를 부정하는 것은 설득의 첫 단추를 잘못 끼우는 일과 같다.

> 남편이 저녁을 먹고 누워서 책을 보고 있는 아내에게 다가가 말을 건넨다. "자기야. 밖에 공기 엄청 좋다. 산책하러 가자!" 하지만 피곤한 아내는 그럴 마음이 없다. "나 벌써 다 씻어서 또 나가기 귀찮아. 자기 혼자 갔다 와." 아내의 거절에도 남편은 계속 조른다. "에이~ 귀찮긴 뭐가 귀찮아. 빨리 옷 입어. 나 혼자 가면 무슨 재미야!"
>
> 그래도 아내가 움직일 생각이 없자 그는 목표를 바꿔 고등학생 아들 방으로 간다. "아들! 아빠랑 동네 한 바퀴 걷고 오자. 밤 공기가 엄청 좋아!" 아들이 말한다. "아빠. 저 오늘 학원에서 수업 너무 많이 해서 지금 힘들어요." 남자는 이해가 가지 않는다. "뭐? 책상에 그냥 앉아만 있는데 힘들긴 뭐가 힘들어. 네 나이에 그거 가지고 힘들다고 하면 안 되지. 빨리 옷 입어!" 하지만 그는 결국 아들녀석을 데리고 나오는 데도 실패했다. 혼자 쓸쓸히 산책을 하면서 남자는 생각했다. '다들 뭐가 그렇게 귀찮고 힘든지. 이해가 안 되네.'

**피곤하다는 사람에게 '피곤하긴 뭐가 피곤해'라고 말하고, 힘**

들다는 사람에게 '그 정도는 힘든 것도 아니야'라고 말하는 것은 그 사람의 감정과 상태를 부정하는 행위다. 이런 말을 듣는 사람은 답답해서 속이 터질 노릇이다.

'아니, 내가 귀찮다는데 왜 네가 멋대로 결론을 내는 거야? 나는 지금 진짜 귀찮다니까!'

부정당하는 느낌을 받으면 남녀노소를 불문하고 누구든 기분이 상한다. 가뜩이나 귀찮고 힘들어하는 사람을 설득해야 하는 쉽지 않은 상황에서 그 사람의 기분까지 나빠지게 만든다면 제안이 받아들여질 가능성은 더욱 낮아진다.

심지어 간혹 상대 자체를 부정하며 잘못된 표현을 사용하는 경우도 있는데, 이는 관계를 더욱 좋지 못한 쪽으로 끌고 간다. "힘들다고? 상식적으로 그게 말이 되니?"같이 말끝마다 상식을 운운하는 사람들이 있다. 서로의 생각이나 의견이 다를 때 자신의 생각만을 기준으로 삼아 상대를 비상식적인 사람으로 만들어 버리는 말이다. 세상에 '비상식적인 사람'이 되고 싶은 사람은 없다. "내가 그럼 비상식적이란 말이야?"라고 맞받아치며 감정이 격해지면 곧 다툼으로 이어진다.

여기서 더 나쁜 쪽으로 나아가면 상대의 다름을 더 과격한 표현을 써서 비하하기도 한다. "너는 왜 그렇게 멍청하냐.", "하여튼 게을러 터져 가지고.", "뇌가 없어? 생각이란 걸 좀 해." 상대의 다름을 '틀림'으로 치부하는 것도 모자라 인격적인 모멸감을 느끼게 하는 최악의 대화들이다. 나에게 이런 나쁜 말을 하는 사람의 의견에 따르고 싶은 생각이 들 리 만무하다. 이런 표현을 쓰는 순간 대화를 통한 설득은 어려워지고 대화와 관계의 단절만이 남는다.

이렇듯 '다양성의 인정'은 비단 나라와 나라, 문화와 문화 사이에서만 적용되는 개념이 아니다. 나는 귀찮지 않지만 누군가는 귀찮을 수도 있고, 나에게는 힘든 일이 아니지만 누군가에게는 힘든 일이 될 수 있다는 마음을 갖는 것, 이것이 바로 일상에서 필요한 '다양성의 인정'이다. 내 생각, 내 경험, 내 상태를 기준으로 타인을 단정 지어서는 안 된다는 마음을 가진 사람은 꼰대가 될 수 없다. 꼰대의 가장 큰 특징이 세상의 모든 것을 자기 입장에서 생각하고 판단하며 강요까지 하는 것이기 때문이다.

그 누구도 꼰대가 되고 싶지는 않을 것이다. 귀찮다는 아내에게 "다 씻어서 귀찮지? 그래도 자기랑 같이 산책하고 싶어서 그런데 같이 가주면 안 돼? 갔다 와서 내가 안마해줄게!"라고 인정을 담은 설득을 해보는 건 어떨까? 힘들다는 아들에게 "아이고, 우리 아들 오늘 힘들었겠네. 그럼 오늘은 아빠 혼자 갔다 올게. 내일은 괜찮으면 같이 가줘! 푹 쉬어!"라고 인정을 담아 말해보는 건 어떨까? 이런 존중과 배려의 말을 썼다고 해서 제안이 100퍼센트 받아들여질 거라는 보장은 없지만 분명 그 확률은 높아질 것이다.

✳ ————

설득의 첫 단추는

상대의 감정과 상태를 인정하는 것이다.

자기 기준만을 고집하는 '꼰대'가 되고 싶지 않다면

인정을 바탕으로 설득의 말을 하도록 하자.

# 감정에
# 올바른 이름을 붙인다

B군은 항상 자기 형과 비교를 당한다. 두 사람은 형제라 비슷한 점도 있지만 완전히 다른 점도 많다. 성격이 그중 하나다. 수줍음도 많고 내성적인 성격의 B군과 달리 형은 활발하고 말과 행동이 시원시원하다.

B군은 그동안 이러한 다름에 대해 크게 신경 쓰지 않았다. 형에게는 '남자답다'라고 하고 자신에게는 '여성스럽다'라고 말해도 괜찮았다. 사람마다 성격이 다른 건 당연한 일이니 말이다.

그런데 어느 순간, 주변에서 형과 자신에게 서로 다른 '표현'을 쓴다는 걸 깨달은 뒤로 불편함이 찾아왔다. 어떤 일로 화를 내는 상황에서 가족들이 형에게는 매번 "화났어?"라고 눈치를 보며 조심스럽게 물어보면서 B군에게는 "야, 너 삐졌냐?"라고 가볍게 물었던 것이다. 참다 못한 B군이 큰소리로 말했다.

"왜 맨날 형한테는 화났냐고 물어보면서 나한테는 삐졌냐고 물어봐?"

늘 온순했던 그가 언성을 높이는 것을 본 가족들은 모두 놀란 눈으로 B군을 한참 동안 쳐다봤다.

위의 에피소드처럼 의미는 비슷하지만 듣는 사람은 전혀 다른 '기분'을 느끼는 말들이 있다. "삐졌어?"와 "화났어?"가 그 대표적인 예다.

삐지다: 성나거나 못마땅해서 마음이 토라지다.

화나다: 성이 나서 화기가 생기다.

사전적 의미에서 알 수 있듯이 두 표현 모두 노엽거나 언짢은 기분이 드는 '성'이 난 상태를 뜻한다. 명확하게 차이를 구분하기 어려운 비슷한 표현이다. 하지만 현실에서는 듣는 사람에 따라 다른 감정을 불러일으킬 수 있기 때문에 상대를 더 삐지고 더 화나게 만들지 않으려면 사용에 각별한 주의가 필요하다.

두 표현이 겉으로 나타났을 때의 행동에는 미묘한 차이가 있다. 사람이 삐졌을 때는 입을 꾹 다물고 말을 하지 않는다. 언제 끝날지 모르게 길고 길었던 평상시의 카톡 메시지는 '이게 다야?' 싶을 정도의 단답형으로 바뀌고 횟수도 급격히 줄어든다. 시도 때도 없이 등장하던 이모티콘도 당연히 사라진다. 함께 있어도 시선을 피하며 거리를 두려 한다. 딱히 분노가 담긴 얼굴은 아니지만 웃음기 또한 없다. 당연히 왜 기분이 상했는지 말하지 않는다. 경우에 따라서는 이 상태가 긴 시간 이어지기도 한다. 말 그대로 토라져버리는 것이다.

물론 화가 났을 때도 상대에 대한 미운 감정이 있기 때문에 삐졌을 때와 비슷한 행동을 하기 마련이다. 다만 이때는 직접적으로 감정을 표현하는 말과 행동이 추가되는 경우가 많다. 왜 화가 났는지, 뭐가 서운한지, 지금 얼마나 기분이 상했는지를 상대에게 직접적으로 말한다. 화를 참지 못하고 다소 거칠게 행동하기도 한다. 사소하게는 물건들을 세게 내려놓는가 하면, 심각한 경우에는 사람이나 사물에 폭력적인 행동을 하기도 한다.

이렇듯 두 표현은 현실에서 서로 다른 형태로 나타나게 되는데 '삐지다'가 정적 회피의 형태라면 '화나다'는 동적 표출의 형태라고 할 수 있다. 그리고 바로 이 뉘앙스 차이 때문에 '삐졌냐?'라는 말이 기분을 더 상하게 만든다. 성이 나도 자신 있게 표출하지 못하고 토라져버리는 속 좁은 사람으로 만들어버리기 때문이다. 생각해보면 흔히 삐지다와 연결돼서 떠오르는 '쪼잔한', '소심한', '소극적인' 같은 단어들은 모두 상대적으로 부정적인 성격을 나타내는 표현이다. 당연히 그 누구라도 이런 평가를 받으면 기분이 좋지 않다.

간혹 자주 삐지는 사람을 '삐돌이'라고 부르기도 하는데 귀여운 어감과는 달리 마음에 생채기를 낼 수 있는 호칭이 되기도 하니 주의하자. '돌이'는 일반적으로 뭔가를 특별하게 잘하는 상태를 나타내는 의미로 쓰인다. 꾀가 많아 귀염성이 있는 어린 사람을 가리키는 '꾀돌이', 절약을 잘 하다 못해 구두쇠처럼 매우 인색한 남자를 비유적으로 이르는 말인 '짠돌이'(여자는 짠순이)가 대표적인 예다. 삐돌이라는 호칭은 소심하게 삐지기를 잘한다는 부정적 의미와 어린 사람이라는 뉘앙스를 동시에 전달한다. 그래서 성인에게, 특히 남성에게는 상대적으로 더 기분 나쁜 표현이 될 수도 있다.

그러니 만약 당신의 앞에 있는 사람이 성이 났다면 "삐졌어?"가 아닌 "화났어?"로 대화를 시작해보는 것은 어떨까? 그저 단어 하나에 신경 쓰는 것만으로도 작은 배려가 당신이 아끼는 누군가의 자존감이 다치지 않도록 지켜줄 것이고 상황이 더 악화되는 것을 막아줄지도 모른다.

✳ ─────

부정적인 성격을 나타내는 표현에 주의를 기울이자.

작은 뉘앙스 차이가

소중한 사람의 자존감에 상처를 입힐 수도 있다.

# '평가'가 될 수 있는
# 외모 언급은 피한다

어느 이른 아침. 거래처 대표와의 미팅을 위해 번화가에 있는 프랜차이즈 카페를 찾았을 때였다. 자리에 앉아 미팅을 진행하고 있는데 갑자기 누군가가 내 어깨를 치며 "안녕하세요!"라고 인사를 했다. 깜짝 놀라 뒤를 돌아보니 일로 몇 번 만난 적이 있는 사람이었다.

"안녕하세요! 어떻게 이 시간에 여기서 딱 만나게 됐네요! 잘 지내셨어요?"

우연히 나를 발견하고 반갑게 아는 체했던 그가 밝게 웃으며 내 말을 이어받았다.

"그러게요! 너무 반가워요! 근데 대표님 안 본 사이에 살 많이 쪘다! 다음에 봬요!"

순식간에 벌어진 짧은 만남이었다. 오랜만에 이루어진 만남이 무척 반가웠다. 그런데 머릿속에 한 마디가 계속 맴돌았다.

'대표님 살 많이 쪘다. 대표님 살 많이 쪘다. 대표님 살 많이 쪘다······.'

아 그렇지. 내가 요즘 살이 좀 찌긴 했지. 맞아. 근데 왜 이렇게 기분이 나쁘지?

사람에게는 저마다 나름의 외적인 요소가 있다. 그리고 그런 외적인 요소 중에는 내 눈에 익숙해서 친근하게 느껴지는 것도 있고 평소에 잘 보지 못했던 낯선 모습이라 불편함이 느껴지는 것도 있다. 다른 사람의 외모를 어떻게 생각하는지는 어디까지나 개인의 자유다. 하지만 그 생각을 당사자에게 말로 표현하는 것은 다른 문제다. 그래서 외모에 대한 언급에는 항상 주의가 필요하다.

그런데 주위를 둘러보면 외모에 유독 민감한 사람들이 있다. 자신의 외모뿐만 아니라 남의 외모에도 민감한 사람들 말이다. 당연히 이런 사람들은 외모에 대한 말을 많이 한다. 내가 나에 대해 이야기를 하는 것이야 아무 문제가 없지만 남의 외모에 대해 이야기하는 것은 때때로 상대의 기분을 상하게 하기도 한다.

　개인적으로 오랫동안 알고 지낸 지인이 있었다. 그는 하얀 피부와 깔끔하게 정돈된 짧은 머리카락이 뚜렷한 이목구비와 어우러진 소위 '꽃미남'이었다. 서로 바쁘게 살다 보니 몇 년 동안 만나지 못하다가 오랜만에 연락이 닿아 커피를 한 잔 나누게 되었다. 몇 년 만에 그를 딱 마주친 순간 나는 흠칫 놀랐다. 꽃미남은 온데간데없고 전혀 다른 사람이 되어 나타났기 때문이다. 어깨 근처까지 내려오는 머리카락은 파마를 해서 거칠게 굴곡을 만들고 있었고 유난히 검은 수염이 인중과 턱을 뒤덮고 있었다. 피부도 완전히 구릿빛으로 변해 있었다. 전체적으로 더 건강해 보였고 더 터프했으며 더 스타일리시하게 변했다. 분명 더 멋쟁이가 된 듯 보였지만 과거의 모습을 기억하고 있던 나에게는 일종의 충격이었다. 내 기준에서는 예전의 그의 모습이 더 보기 좋았기 때문이다. 하지만 커피를 함께 마시는 1시간 동안 머리는 언제부터 기르기 시작했는지, 어디까지 기를 건지, 수염은 왜 기르고 있는지, 피부는 자연스럽게 탄 건지 일부러 태닝을 한 건지 같은 외모에 대한 질문은 일절 하지 않았다. 외모가 이렇게 변하는 동안 '이 친구가 외모에 대해 얼마나 많은 말들을 들었을까' 하는 생각이 들어 나까지 굳이 그런 말을 보태고 싶지 않았다. 그리고 내가 예전의 모습이 더 낫다고 한들 아무것도 변하지 않는다는 것을 잘 알고 있었기 때문이다.

다른 사람의 외모와 스타일을 그대로 인정해주자. 나와 달라도, 내 취향이 아니여도 그 모습 그대로 받아들이는 마음을 가져야 한다. 그리고 여기서 받아들인다는 말은 특별히 언급하지 않는 태도도 포함하는 개념이다. 하지만 우리는 있는 그대로 상대를 받아들이지 않고 미처 인지하지도 못할 정도로 자주, 그리고 일상적으로 외모에 대해 평가하는 말을 하고는 한다. "머리 어디서 했어? 지금 머리는 좀 안 어울린다.", "안경 왜 썼어? 넌 안경 안 쓴 게 더 나은데." 처럼 말이다.

이렇게 만날 때마다 내 모습에 대해 언급을 하는 사람은 불편하다. 이런 사람을 만날 때는 옷, 가방, 신발, 머리 모양, 화장 등 모든 게 신경이 쓰인다. 그리고 결국에는 이런 사람과의 만남을 피하게 된다. 만날 때마다 신경 써야 하는 게 너무 많아서 스트레스를 받는다. 외모에 대한 언급에 나쁜 뜻이 전혀 없다는 것을 알고 있다. 하지만 이렇게 악의 없이 가볍게 건넨 몇 마디 말들 때문에 만나고 싶지 않은 사람이 될 수도 있다는 사실을 기억해야 한다.

친분이 있는 사람뿐만 아니라 심지어 길에서 만난 생판 모르는 아기에게도 아무렇지 않게 외모 평가를 하는 경우도 있다. 태어날 때부터 유난히 머리숱이 없는 아기들이 있는데, 내 딸이 꼭 그랬다. 두피가 훤히 보여 머리에 핀을 꽂을 수도 없었다. 때문에 머리띠라도 하지 않으면 사내아이로 오해받기 딱 좋은 외모였다. 그런 딸을 향해 "머리 민 거죠? 아니에요? 어머, 머리숱이 너무 없다!"라며 굳이 콕 집어서 이야기를 하는 사람들이 있었다. 그런 말을 듣는 횟수가 늘어날수록 아빠인 나의 스트레스는 더욱 커져만 갔다.

성장이 다소 늦어 또래보다 키가 작은 아이를 향해서 "얘는 키가 왜 이렇게 작아?"라고 말하고, 마른 몸을 가진 아이를 향해서 "아휴~ 애가 왜 이렇게 말랐어요? 뼈밖에 없네."라고 말하는 것도 외모에 대해 함부로 말하는 경우다. 이런 타인의 말들 때문에 남들과 조금 다른 외모를 가진 아이를 키우는 부모들은 아이와 함께 외출하는 것 자체가 스트레스가 되기도 한다. 내가 뱉은 경솔한 말 한마디가 한 가족의 즐거운 외출을 방해할 수도 있다는 것을 명심하자. 해도 되는 말과 해서는 안 되는 말을 잘 구분하는 현명함이 곧 멋진 예의와 배려다.

물론 외모에 대한 언급이 무조건 해서는 안 되는 나쁜 행동이라는 뜻은 아니다. 스스럼없이 이런저런 얘기를 주고받을 수 있는 친밀한 관계라면 크게 문제 되지 않을 수도 있다. 중요한 건 그 표현을 듣는 '상대방의 기분'이므로 서로 외모에 대한 의견을 가감 없이 주고받으며 조언을 구하는 사이라면 괜찮다. 또한 외모에 대한 칭찬은 상대의 기분을 좋게 만들 수도 있기에 좋은 대화 기술로 여겨지기도 한다. 사람은 누구에게나 칭찬을 들으면 기분이 좋고 외모에 대한 칭찬도 다르지 않기 때문이다. 요약하면, 외모에 대한 언급은 충분히 친밀하지 않은 관계에서는 주의해야 하고, 상대가 물어오기 전까지는 하지 않는 게 좋으며 외모에 대한 부정적인 의견은 될 수 있으면 삼가야 한다.

길에서 만난 누군가의 독특한 옷차림이나 특이한 외모를 보며 저게 뭐냐고 혀를 끌끌 차는 사람들을 종종 본다. 타인의 외모에서조차 자기 기준이 옳다고 생각하는 또 다른 의미의 꼰대가 아닐 수 없다. 외모의 다양성을 인정하는 열린 마음과 태도를 갖추자. 그건 당신이 한 사람을 있는 그대로 존중할 줄 아는 성숙한 사람이라는 의미이자, 우리 사회를 더욱 다채롭게 만들고 있는 멋진 사람이라는 뜻이다.

✳ ─────

다른 사람의 외모와 스타일을 그대로 인정해주자.
때론 특별히 언급하지 않는 것도
그 사람에 대한 존중의 표현이다.

# 누군가를 '하자 있는 사람'으로
# 만들지 마라

C씨는 주말을 맞아 유치원에 다니는 아들과 집 근처 대형 키즈카페에 놀러갔다. 바쁜 회사 업무 때문에 평일에는 함께 놀아주지 못하기에 미안한 마음에 아들이 좋아하는 키즈카페라도 데려온 것이다. 오랜만에 아빠 노릇을 제대로 하고 싶어서 큰맘 먹고 비싼 곳을 골랐다. 일대에서 가장 큰 규모를 자랑하는 이곳은 짚라인, 클라이밍, 고공 밧줄타기, 대형 정글짐 등 다른 데서 볼 수 없는 다양한 체험형 놀이시설을 갖춘 곳이다. 그런데 아들은 이곳에만 있는 놀이 시설은 이용하지 않고 낚시놀이, 편백나무 놀이방, 트램펄린, 볼풀장 같은 어느 키즈카페나

다 있는 평범한 놀이들만 하고 있었다. 이래서야 비싼 돈 주고 여기까지 온 의미가 없지 않나 싶어 한마디 했다.

"아들! 저기 짚라인 타러 가자!"

"아빠. 나 저거 무서워서 싫어!"

"그럼 클라이밍하고, 밧줄타기 하러 가자!"

"저것도 무서워! 나 그냥 낚시 할래."

몇 차례 손을 잡고 새로운 놀이기구 쪽으로 데리고 가봤지만 결국 아들은 끝까지 타지 않겠다고 버텼다. 또래 아이들은 물론, 아들보다 더 어린아이들도 즐기고 있는 놀이기구를 무섭다고 안 타는 아들을 보니 순간 짜증이 확 솟구쳤다.

"으이구. 바보야. 저게 뭐가 무섭냐? 하여튼 소심해가지고."

이럴 거면 비싼 돈 내고 여기 오는 게 아니었는데. 괜히 헛돈을 쓴 것 같아 짜증이 가라앉지 않는다. 아들의 소심함이 행복할 수 있었던 주말을 망쳐버렸다.


한 사람을 있는 그대로 인정해주는 멋진 태도는 앞서 이야기한 외모에만 적용되는 말이 아니다. 그 사람이 가진 보이지 않는 것, 즉 성격도 인정해줘야 한다. 알게 모르게 우리는 일상에서 다른 사람의 성격에 대해 아무 생각 없이 비난하는 말을 던지는 경우가 종종 있다. 그리고 이 말은 그대로 상대에게 상처로 남는다.

언젠가 어린 조카 둘을 차에 태우고 세차를 하러 자동 세차장을 찾았던 적이 있다. 차례를 기다리기 위해 줄을 서 있는데 뒷자리에 있던 첫째 조카가 말했다.

"삼촌. 저기 들어갈 거야? 나 무서운데."

"아, 그래? 무서워? 자동 세차기에 한 번도 안 들어가 봤구나? 삼촌이 손 잡아줄 테니까 오늘 용기 내서 한번 해볼래? 삼촌이랑 같이 있으니까 괜찮을 거야."

이 말을 들은 조카가 씩씩하게 말했다.

"응! 한번 해볼게! 근데 삼촌…… 나 바보 같지?"

조카의 그 말에 나는 깜짝 놀랐다. 도대체 누가 나의 사랑하는 조카에게 무언가를 무서워하는 게 바보 같은 것이라고 말한 걸까?

개인적으로 세상에서 가장 싫어하는 공간이 놀이공원이었을 때가 있었다. 나는 어렸을 때부터 고소공포증이 심해서 롤러코스터나 바이킹 같은 놀이기구를 탈 생각조차 하지 못했다. 높이 올라가는 기구들을 그저 바라보기만 해도 심장이 떨렸기에 놀이기구 타기는 내게 항상 무섭고 힘든 일이었다. 하지만 내가 놀이공원을 싫어하게 된 이유는 따로 있었다. 비록 놀이기구는 겁이 나서 못 타지만 어린 시절 놀이공원은 늘 가고 싶은 곳이었다. 맛있는 먹거리와 신기한 동물들, 꽃이 가득한 정원, 무섭지 않은 놀이기구 등 즐길 거리가 정말 많은 곳이었기 때문이다. 그런 내가 놀이공원을 싫어하게 된 이유는 놀이기구를 타지 못하는 내 성향을 비난당했던 경험 때문이었다. 185센티미터의 키를 가진 건장한 성인 남성이었던 나는 "너 롤러코스터 못 타? 무슨 남자가 그렇게 겁이 많냐. 덩칫값도 못하네."라는 말을 정말 많이 들었다. 키와 풍채, 그리고 성별이 놀이기구를 타는 용기와 어떤 관계가 있는지 모른 채 그런 비난의 말을 들으며 상처를 받아왔다. 당연히 나에게 그런 말을 했던 사람들은 자신의 말이 누군가에게 상처가 되는지도 몰랐을 테고 기억조차 하지 못할 것이다. 하지만 그들의 말 때문에 나는 더 이상 놀이공원에 가지 않게 되었다.

성격은 사람마다 모두 다르다. 누군가에게는 신나고 즐거운 일이 누군가에게는 세상에서 제일 무섭고 부끄러운 일이 되기도 한다. 뭔가를 무서워하고 부끄러워하는 성격은 잘못도 아니고 엄청난 결함도 아니다. 정도의 차이가 있을 뿐 모두가 가지고 있는 내면의 특성이다. 그런 특성이 일상생활에 지장이 갈 정도로 심각한 수준이라면 당연히 조치를 취해야 하겠지만 그렇지 않다면 아무런 상관이 없다. 그저 겁이 많으면 겁이 많은 대로, 수줍음이 많으면 수줍음이 많은 대로 자신의 성격에 맞는 삶의 방식들을 선택해 편안하고 행복하게 살면 그만이다.

성격은 절대 다른 어떤 것과 비교되어 비난과 비판의 대상이 되어서는 안 된다. 자신의 성격이 어딘가 부족하고 못난 것이라는 사소한 말 한마디로도 사람은 크게 상처를 받는다. 이 당연한 이치를 알고 있는 사람은 절대 다른 사람의 성격에 대해 함부로 평가하지 않는다. "저게 뭐가 무서워!"라며 부정하고 "얼른 해봐!"라고 강요하는 대신 "맞아. 무서울 수 있지."라고 인정해주고 "안 해도 괜찮아."라며 상대를 존중해준다.

만약 좋은 마음으로, 누군가의 그런 성격을 변화시켜주고 싶다면 상대가 부담을 느끼지 않는 권유의 방법을 쓰도록 해보자. "나랑 같이 해볼래?" 혹은 "지금 힘들면 안 해도 돼. 다음에 같이 해보자."라고 이야기해보자.

"으이구. 바이킹이 뭐가 무서워. 넌 저것도 못 타냐? 완전 겁쟁이구나?"라고 말하는 사람과 "놀이기구 무서우면 안 타도 돼! 동물원이랑 정원 가서 사진 찍고 맛있는 거 먹으면서 놀다 오자!"라고 말하는 사람 중에 어떤 사람과 함께 놀러 가고 싶을지 생각해보자. 상대의 성격에 대해 어떻게 말해야 서로가 행복해지는 관계가 될 수 있을지 명확히 알 수 있다.

맨 처음 보았던 아빠와 아들의 이야기에서도 그렇다. 행복할 수 있던 그 주말을 망쳐버린 사람은 어쩌면 겁이 많은 아들이 아니라 겁이 많은 아들을 이해하지 못한 아빠가 아닐까. 멋진 공간에서 자신이 좋아하는 놀이를 하는 것만으로도 행복할 수 있었을 아이가, 아들의 성격이 마음에 들지 않아 심드렁한 모습을 하고 있는 아빠의 눈치를 보느라 마음껏 놀지 못했을 테니까 말이다. 소중한 사람과의 즐거운 시간을 방해하는 진짜 범인은 겁 많은 아들도, 소심한 친구도 아닌, 날 선 말일지도 모른다.

✳ ———————

성격은 절대 비교되거나
비난과 비판의 대상이 되어서는 안 된다.
상대의 성격을 인정하고 받아들이는 것이
건강한 관계의 첫걸음이다.

# 재능의 가치를 인정하지 않는 말,
# "네가 공짜로 좀 해줘라."

사람은 누구나 내가 가진 것을 무시당하고 싶어 하지 않는다. 나도 그렇고 남도 그렇다. 그래서 우리는 서로 존중하면서 살아야 한다. 존중은 사전적으로 '높이어 귀중하게 여김'이라는 뜻을 가지고 있는데, 이때 존중은 주고받는 것이다. 남을 존중할 줄 알아야 나도 존중받을 수 있고, 존중받아본 사람이 또 남을 존중할 수 있는 법이다. 그런데 우리가 존중해야 할 대상에는 비단 외모나 취향, 성격뿐만 아니라 그 사람이 가진 '재능'이나 '기술'도 포함된다는 것을 모르는 사람이 의외로 많다.

언젠가 한 모임 자리에서 만나 인연이 된 지인이 있었다. 그는 안 지 얼마 되지는 않았지만 만날 때마다 늘 친절하고 정중한 태도로 나를 대해주었고 내가 하는 강의들에 대해 이 사회에 반드시 필요한 내용이라며 항상 좋게 이야기해주었다. 그러던 어느 날, 그가 강의 제안을 해왔다. 자신이 운영하고 있는 모임에서 매너에 대한 강의를 하면 좋겠다는 얘기였다. 강의할 수 있는 기회가 생긴다는 건 강사에게는 늘 반가운 일이다. "강사님. 몇 월 며칠 몇 시에 어디서 할 거고요. 참석 인원은 몇 명이고요. 강의 내용은 비즈니스 매너로 2시간 정도 해주시면 될 것 같아요." 그리고 그는 얼굴 가득 사람 좋은 미소를 띠며 이렇게 덧붙였다.

"그리고 강사님. 이거 당연히 재능기부로 해주실 거죠?"

그 순간 마음이 차갑게 식어갔다. 그때 내 마음이 식은 이유는 결코 돈 때문이 아니었다. 어차피 큰돈이 오고 갈 규모의 강의가 아니라는 것쯤은 예상하고 있었다. 그런데 너무도 당연하게 재능기부라니. 이 사람에게는 내 강의가 사람 좋은 웃음 한 번이면 얻어낼 수 있는 정도의 강의인 걸까. 이 사람에게는 나라는 사람이 재능을 기부해달라는 부탁을 스스럼없이 해도 되는 강사인 걸까. 나와 내 강의를 얼마나 만만하게 봤으면 이렇게 말할 수 있을까. 이런 생각 때문에 불쾌해졌고 이런 대우를 받는 내 처지가 조금은 슬퍼졌다.

이런 종류의 불쾌감을 느껴본 사람이 어디 나 하나뿐일까. 세상에는 다양한 직업이 존재하고 모든 직업에는 고유의 기술이 존재하기 때문에 우리 모두는 누구나 나름의 기술과 재능을 가지고 있다. 그리고 이는 곧 이 글을 읽고 있는 당신도 한 번쯤은 이 불쾌감을 경험해봤을 수도 있다는 뜻이다.

　내가 잘 아는 한 그래픽 디자이너도 10년 넘게 디자이너로 일하며 이런 '공짜 부탁'들을 거절하는 데 도가 텄다고 말해주었다. 부탁의 종류도 다양해서 갑자기 포토샵으로 뭘 만들어달라고 한다거나 밑도 끝도 없이 '간단한 로고' 혹은 명함을 디자인해달라고 하는 등 디자이너가 가진 전문 분야는 깡그리 무시한 채 이런 부탁들을 아무렇지 않게 한다고 했다. 그는 창의적인 감각을 잃지 않는 그래픽 디자이너로서 자신의 작업물과 일에 대해 늘 자부심을 갖고 있었지만, 이런 부탁들을 받을 때면 내가 이런 소리를 들으려고 디자이너가 됐나 싶은 생각이 든다고 말했다.

　미술을 전공한 사람에게 자기 얼굴을 그려달라고 하고, 자동차 정비 전문가에게 자신의 차를 점검해달라고 하고, 뮤지컬을 전공한 사람에게 노래 한 곡 해달라고 하는 것 등 아무런 대가 없이 상대의 재능을 자신을 위해 써달라고 당연한 듯 요구하는 사람들이 있다. 이런 사람들은 보통 "우리 사이에" 같은 친분을 강조하는 말이나, "넌 이거 금방 하잖아."라는 상대가 가진 기술 자체를 쉽게 생각하는 경솔한 표현들을 요구의 근거로 사용한다.

심지어는 "혹시 해줄 수 있을까?"라고 묻지 않고 "그냥 좀 해주라", "당연히 해줄 거지? 해주는 걸로 알게!"라고 아예 기정사실화시키는 표현을 쓰기도 한다. 이런 말은 상대가 요구를 들어주지 않으면 나쁜 사람이 되는 것처럼 상황을 조성해 쉽게 거절할 수 없도록 만들어버린다. 요구하는 사람 입장에서는 원하는 바를 얻어낼 수 있겠지만 요구를 받는 사람 입장에서는 여러모로 불편하고 불쾌한 상황이 된다.

아무리 작은 일이라고 해도 상대의 재능과 기술을 철저하게 존중하는 마음을 가지자. 그리고 철저히 존중하는 표현을 쓰자. 이에 관해 한 방송에서 이연복 셰프가 친분이 있는 방탄소년단의 멤버 '진'과의 일화를 들려준 적이 있다. 두 사람은 종종 함께 낚시를 다닌다고 했다. 보통 유명한 요리사와 함께 있으면 잡은 물고기로 맛있는 요리를 해달라고 부탁할 법도 한데 그는 낚시하러 와서까지 셰프님께 요리를 해달라고 하는 건 예의가 아니라고 말하며 요리를 하지 마시라고 말했단다. 뛰어난 요리 실력을 가진 사람이 나와 절친한 사이라고 하더라도 요리해주는 걸 당연하게 여기지 않고, 그 재능을 함부로 여기지 않으며 존중해주는 멋진 태도가 아닐 수 없다.

하지만 이 말을 '절대로 도움을 요청하지 말라'는 의미로 받아들이지는 말길 바란다. 당연히 가까이 있는 사람의 재능이나 기술이 필요한 순간이 있고 그럴 때는 도움을 받는 게 좋다. 다만 도움을 받는 과정에 존중이 있어야 한다는 뜻이다. 이때 존중을 표현하는 방법에는 여러 가지가 있다. 가장 기본적인 존중은 상대의 재능에 대한 마땅한 대가를 지불하려는 마음을 갖는 것이다. '당연히 공짜로 해주는 거 아니야?'라는 태도를 보이면 설령 도움을 주는 쪽에서 아무런 대가를 바라고 있지 않았다고 하더라도 기분이 상하기 마련이다. 자신의 재능을 공짜로 얻으려는 사람은 얄미울 수밖에 없다. 반대로 부탁을 하면서 어떤 식으로든 대가를 지불하겠다는 태도를 보이는 사람에게는 기쁜 마음으로 대가 없이 도와줄 마음이 든다. 내 재능이 인정받고 존중받았다는 기쁨을 느낀 것으로 이미 충분한 대가를 받았다고 생각할 수도 있다. 그리고 '이 사람은 나와 내 재능을 함부로 여기지 않는구나'라는 생각이 들어 오히려 고마운 마음이 들기도 한다.

그리고 도움을 요청하는 말에도 존중을 담아야 한다. "당연히 도와줄 거지?", "꼭 해줘야 돼.", "해주는 걸로 알게." 같은 표현들은 상대로 하여금 거절하기 어렵게 만든다. 결과가 정해져 있는 닫힌 표현이기 때문이다. 이때 거절을 하면, 당연히 도와주기로 결정된 일을 뒤집어버리는 나쁜 사람이 되기 때문에 압박감을 느낄 수밖에 없다. 그래서 "혹시 가능하면(혹시 시간이 되면) 도와줄 수 있어?" 같은 말이 더 좋다. 도움을 받아야 하는 내 사정이 아

173

니라 도움을 주는 상대의 사정을 고려한 표현이기 때문이다. 이렇게 열린 질문으로 요청하면 상대는 수락과 거절을 편안한 마음으로 선택할 수 있게 된다. 우리가 다른 사람의 재능이 필요해 부탁을 하는 것이지 지시하는 게 아님을 기억해야 한다. 내가 한 도움 요청이 받아들여지면 좋겠지만 반드시 받아들여져야 할 이유는 없다.

"재능이나 기술을 가졌으면 주변 사람들한테 베풀며 살아야 하는 거 아니야?"라고 생각할 수도 있다. 맞다. 베푼다고 그 재능이나 기술이 사라지는 것도 아니고 누군가를 돕는다는 건 분명 좋은 일이니까. 하지만 베풀지 말지는 어디까지나 재능을 가진 사람의 권리임을 잊어서는 안 된다. 그런 의미에서 '재능기부'라는 말도 주의해서 사용해야 한다. 재능을 가진 사람이 자발적으로 자신이 가진 기술과 재능을 나누어주는 것이 말 그대로 재능 '기부'다. "재능을 기부할 수 있는 행위를 거절하면 너는 나쁜 사람이다."라는 식의 태도는 좋지 않다. 재능을 기부해줄 수 있는지 정중히 부탁하는 것, 상대가 거부했을 때 그 결정을 존중하고 자연스럽게 받아들이는 것, 수락했을 때 당연함이 아닌 감사한 마음을 갖는 것이 재능기부를 받아야 하는 사람의 올바른 태도일 것이다.

살다 보면 타인의 도움이 필요한 순간이 반드시 찾아온다. 그리고 기꺼이 당신을 도울 준비가 되어 있는 능력자들 역시 당신 주변에 존재하고 있다. 당신의 태도에 따라 그들의 도움을 받을 수도 있고 받지 못할 수도 있다. 재능에 대한 존중은 남을 위한 일이기도 하고 동시에 나를 위한 일이기도 하다는 점을 꼭 기억하자.

＊ ──────

쉬워 보이더라도 상대의 재능과 기술을
철저하게 존중하는 마음을 가지자.
자신의 재능을 나누어주는 것은
결코 당연한 일이 아니다.

## 개인의 취향에는
## 정답이 없다

당구에 빠진 학생의 눈에는 초록색 칠판이 당구대로 보이고 자려고 누우면 천장에 당구공들이 이리저리 굴러다닌다는 말이 있다. 이처럼 사람이 뭔가에 빠지면 온종일 그 생각만 하게 된다. 횡단보도에서 홀로 신호를 기다리며 사람들이 하는 행동을 관찰해보면 그 사람이 요즘 무엇에 빠져 있는지 알 수 있다. 골프, 탁구, 테니스 같은 스포츠에 빠져 있는 사람은 허공에 대고 각각의 종목에서 사용하는 동작을 맨손으로 연습한다. 길거리에서 알 수 없는 동작으로 쉴 새 없이 손을 휘젓고 있는 학생들은 아이돌 댄스에 빠져 있는 것이다.

열정을 쏟을 수 있는 무언가를 가지고 있다는 건 매우 좋은 일이다. 하지만 그 열정 때문에 간혹 남을 불편하게 만드는 대화를 하는 경우가 있다. 당장 나만 해도 주변에서 비즈니스를 하려면 무조건 골프를 쳐야 한다며 빨리 시작하라는 말을 심심치 않게 듣는다. "요즘 골프 안 치면 사회생활 못한다.", "자기 사업한다는 사람이 여태 골프도 안 배우고 뭐했냐.", "처음이 어렵지 하다 보면 재밌다." 등등. 하도 그런 말들을 하기에 예전에 레슨을 좀 받아봤지만 나와는 맞지 않는 듯해서 그만뒀다. 골프를 안 쳐도 비즈니스를 잘할 수 있다고 말하는데도 그러면 안 된다며 골프의 장점에 대해 일장연설을 늘어놓는 사람도 종종 있다.

나의 열정과 나의 취향이 곧 남의 열정과 취향이 되어야 한다는 태도는 이렇듯 조언을 가장한 강요로 이어질 수 있기 때문에 무척 위험하다. 이런 태도를 가진 사람의 강요는 비단 골프뿐만 아니라 자신이 몰두하고 있는 모든 분야에 걸쳐 드러나는데, 재테크 분야가 대표적이다.

"주식 투자 왜 안 해? 주식이 얼마나 좋은 건데."

"부동산 투자 왜 안 해? 부동산이 최고야. 월급 모아서 언제 돈 벌려고."

"적금 들고 있다고? 그거 이자 얼마나 한다고. 돈을 통장에 그냥 모아놓는 건 바보 같은 짓이야."

이러한 말들이 우리가 주변에서 흔히 들을 수 있는 재테크와 관련된 강요들이다. 사람마다 투자 성향은 다 다르다. 누군가는 리스크를 감수하는 공격적인 투자를 선호할 수 있고 누군가는 리스크가 없는 안정적인 저축을 선호할 수도 있다. 투자는 옳고 저축은 그르다고 할 수도 없고, 저축은 옳고 투자는 그르다고 할 수도 없는 것이다. 그러므로 나와 다른 선택을 모두 옳지 않은 것이라고 매도해버려서는 안 된다.

특히 돈과 관련된 이야기는 상대의 형편과 관련이 크기 때문에 더욱 조심해야 한다. "여름 휴가는 당연히 해외로 다녀와야지. 1년에 한 번인데.", "애들 꼭 영어 유치원 보내! 알겠지? 효과가 진짜 좋아!", "이번에 차 사는 거 당연히 외제차로 살 거지? 돈 조금만 더 보태면 되니까."와 같은 말들은 그 사람의 경제적인 능력과 관련이 깊은 이야기다. 경제 형편은 개인의 가장 사적인 영역이기 때문에 부부나 가족같이 가장 친밀한 관계가 아니면 정확히 알 수 없다(심지어 가장 친밀한 관계에서도 모르는 경우가 많다). 그래서 나의 의도와 상관없이 경제적인 부분과 관련된 행동들을 강요하게 되면 그런 경제 능력을 가지지 못한 상태에 있는 사람에게는 매우 큰 상처가 된다. 더군다나 그 상처가 자신의 경제적인 무능에서 비롯됐다고 생각하면 인격적인 좌절감으로까지 연결될 수 있기 때문에 그런 말들을 더욱 해서는 안 된다. 내가 할 수 있다고 해서 남들도 할 수 있는 건 아니다.

　일상적인 취향에 대해서도 함부로 말해서는 안 된다. 함께 스테이크를 먹으러 가서 웰던으로 주문하는 상대방을 보고 깜짝 놀라며 이렇게 말하는 사람이 있다. "소고기 스테이크를 웰던으로 먹어? 그건 소에 대한 예의가 아니지. 스테이크는 미디엄이나 미디엄 레어로 먹어야 돼. 그래야 부드럽고 육즙을 온전히 느낄 수 있다고. 너 진짜 고기 먹을 줄 모르는구나? 빨리 미디엄 레어로 바꿔." 혹은 내가 너무나도 좋아하는 와인을 친구와 마시는데 친구가 그 와인이 맛이 없다고 하자, "이게 맛이 없다고? 야. 이게 얼마나 유명한 건데. 이거 전문가들도 다 인정한 와인이거든. 너 진짜 와인 마실 줄 모르는구나? 어떻게 이게 맛이 없을 수가 있지?"라고 핀잔을 주기도 한다. 또 평양냉면이 밋밋해서 맛이 없다는 친구에게 "야, 너 어디 가서 그런 소리 하지 마. 그건 네 입맛이 고급이 아니라서 그래. 냉면 좀 먹었다는 사람들이 다 평양냉면에 빠지는 덴 이유가 있어." 하고 으름장을 놓기도 한다. 이런 말은 대표적으로 상대의 취향을 잘못된 것으로 만들어버리는 나쁜 강요의 말이다.

　수학 공식이나 과학 이론을 제외하면 음악, 문학, 음식, 날씨, 색깔, 계절, 향기 등등 우리가 사는 이 세상에 존재하는 거의 모든 것들은 취향의 문제다. 앞서 이야기한 투자 성향처럼 취향의 영역에는 옳고 그름이 존재하지 않는다. 스테이크를 웰던으로 먹는 취향을 가진 사람은 평생 스테이크를 먹지 말아야 하는 것인가? 누구나 맛있다고 말하는 와인을 맛없다고 느끼는 사람은 입맛이 고급이 아니라서 창피함을 느껴야 하는 걸까? "아. 너는 웰던으로 먹는구나?", "네 입맛에는 이 와인이 안 맞나보다."라고 자연스럽게 받아들이는 태도가 취향의 다양성을 인정하는 멋진 모습이다. 만날 때마다 취향에 대해 잔소리를 해대는 사람은 취향을 함께 나누는 즐거운 자리에 절대 초대받지 못할 것이다. 어디서든 환영받는 사람이 되고 싶다면 가장 먼저 상대의 취향을 있는 그대로 존중하는 말을 해야 한다.

정답이 없는 성향과 취향에 대해서는 강요가 아닌 권유의 말을 써보자. 투자를 하지 않는 친구를 다그치며 못난 사람으로 만드는 대신, 투자의 장점을 알려주고 생각이 있으면 한번 해보지 않겠냐는 권유의 말을 하는 것이다. 당연히 당신의 그 친절한 권유를 받아들일지 말지는 친구의 선택이다. 또 나와 스테이크 취향이 다른 친구에게는 나의 스테이크를 한 조각 썰어서 권하자. 내가 좋아하는 스테이크가 그 친구의 입맛에도 맞다면 그는 앞으로 나와 같이 미디엄 레어 스테이크를 먹을 것이고, 그게 입에 맞지 않는다면 늘 먹던 대로 웰던 스테이크를 맛있게 먹으며 살면 될 일이다. 다른 사람의 취향을 마치 잘못된 것인 양 무시하는 말은 그 사람에게 마음의 상처를 남기기도 한다. 그리고 그건 어쩌면 또 다른 형태의 폭력일지도 모른다.

✳ ————
　내가 무언가를 좋아한다고 해서
　그것이 곧 정답은 아니다.
　상대의 취향을 있는 그대로 존중해주자.
　어디서든 환영받는 사람이 될 것이다.

# 궁금해도 묻지 말아야
# 할 것들이 있다

D씨 부부는 사랑스러운 쌍둥이 형제를 키우고 있는 부모다. 하나를 키우기도 힘든 세상에 아이를 동시에 둘이나 키우다 보니 힘든 점이 이만저만이 아니다. 모든 게 다 두 개거나 두 번이어야 하고 육아 시간도 두 배가 소요되기 때문이다. 쉴 틈 없는 하루 중 아이들을 유모차에 태우고 집 근처를 산책하는 시간이 그나마 이들에게 가장 평화로운 시간이다.

그런데 그 좋은 산책도 가끔 꺼려질 때가 있으니, 사람들이 부부를 향해 배려 없는 질문들을 툭툭 던질 때다. 아기를 자주 보기 힘든 시절에 쌍둥이를 봐서 반갑기도 하고 신기하기도 하겠지만 대뜸 부부에게 "아이고, 쌍둥이네. 엄청 힘들겠다. 많이 힘들죠?"라고 말을 건넨다. 힘든 건 맞지만 길을 걷다 마주친 생판 남이 갑자기 자신을 그렇게 불쌍하게 여기는 상황이 D씨는 별로 기분이 좋지 않다. 물론 쌍둥이를 육아 중인 부부를 걱정해주고 위로해주는 마음에서 비롯됐다는 걸 알지만 말이다. 그런데 더 싫은 상황은 "인공수정이에요? 시험관이에요? 그거 힘들다던데 어때요?" 같은 말을 아무렇지 않게 던질 때다. D씨는 자신의 사생활을 깊숙이 파고들어 오는 그 불편한 질문에 그냥 웃으며 얼버무리지만 가끔은 진심으로 정보를 얻겠다는 의지를 드러내며 집요하게 묻는 사람들도 있다. 선을 넘는 그런 질문을 받는 날이면 안 그래도 힘든 육아가 조금 더 힘들어진다.

사람 사이의 친밀감은 그 사람에 대한 정보를 알게 되는 것으로 시작된다. 그리고 한 사람이 가진 수많은 정보들 중 어디까지 접근 가능한지가 그 사람과의 친분 정도를 결정한다. 외모, 옷차림, 동작, 표정 같은 외적인 요소들은 누구나 알 수 있는 정보다. 이런 요소들은 친분과는 상관없기 때문에 소위 일면식 없는 남남이어도 알 수 있다. 반면에 그 사람의 이름과 나이 같은 신상정보는 '남'이라는 관계에서 한 단계 더 들어가야 알 수 있다. 거기서 좀 더 깊숙이 들어가면 무슨 일을 하는지, 어디에 사는지 등의 조금 더 내밀한 정보들까지 알 수 있다. 이런 식으로 한 사람에 대한 정보에 접근이 허용된 정도에 따라 '남', '지인', '동료', '친구', '연인', '부부', '가족'처럼 관계의 호칭이 달라진다.

부부나 가족 사이에서만 알도록 허용된 정보에 접근하려고 하는 시도 자체가 실례가 되는 이유는 바로 이 때문이다. 개인의 내밀한 사생활(프라이버시)을 침범하지 않는 대화는 개인의 자유와 권리를 중요시하는 현대사회에서 반드시 갖춰야 하는 존중의 태도다. 그런데 문제는 다른 사람의 사생활은 무척 자극적인 정보라서 그 어떤 주제보다 흥미롭고 재밌다는 데 있다. 누구나 알 수 있는 정보가 아니고 쉽게 얻을 수 없는 정보이기에 더 그렇다. 그래서 그 호기심을 참지 못하고 선을 넘는 질문을 하는 경우가 종종 있다.

한국에서의 비즈니스를 위해 국내에 상주 중인 해외 스타트업의 외국인 대표들과 글로벌 비즈니스 매너에 대한 강의를 진행했을 때의 일이다. 강의가 끝나고 미국에서 온 여성 대표가 물어볼 것이 있다며 내게 말을 건넸다. 그녀는 한국에서 비즈니스 미팅을 많이 하고 있는데 곤란한 질문을 자주 받는다고 했다. 결혼은 했는지, 애인은 있는지, 나이가 몇 살인지 등등. 그녀는 일과 상관없는 그 질문들이 너무 불편하고 때로는 불쾌하게 느껴진다고 했다. 그리고 이런 질문을 받았을 때 어떻게 반응하는 게 좋은 매너인지 내게 물었다. 감정을 드러내자니 업무에 지장을 줄 것 같고 질문에 답을 해주자니 개인 정보를 노출하는 것 같아 내키지 않는다고 말이다. 비즈니스에 사생활을 개입시키지 않는 게 자연스러운 나라에서 활동해온 그 대표에게는 심각한 고민일 수밖에 없었다.

개인적인 호기심으로 던진 사소한 질문 하나가 누군가에게는 오랜 시간 동안 마음에서 떠나지 않는 불편함이 되기도, 어찌해야 될지 모르는 고민거리가 되기도 한다. 사적인 부분에 대한 질문은 이토록 위험한 것이다.

길에서 마주친 쌍둥이를 키우고 있는 부부에게 임신과 출산이라는 지극히 개인적인 과정에 대해 민감한 질문을 하는 것 역시 같은 의미로 좋지 않다. 쌍둥이를 낳게 된 방법이 뭐든 간에 일면식도 없는 생판 남에게 그걸 굳이 알리고 싶겠는가? 설령 내가 쌍둥이를 임신하고 싶은 간절함이 있다고 하더라도 임신을 위한 주사는 언제 어떻게 맞는지, 시험관을 하는 절차는 어떻게 되는지 등의 매우 사적인 질문들을 해야 할 때는 각별한 주의가 필요하다. 내 호기심을 채우기 위해 남의 사생활을 침범해도 된다는 법은 그 어디에도 없다.

누군가는 "나이 정도는 알려줄 수 있는 거 아냐? 그게 뭐 그리 대단한 정보라고. 그것도 못 물어보나?"라고 생각할 수 있다. 하지만 자신의 정보를 타인에게 공개할지 하지 않을지는 전적으로 그 정보를 가진 당사자의 마음이다. 자신의 사적인 정보를 공유하는 게 아무렇지 않은 사람도 있는가 하면 이름이나 나이 같은 가장 기초적인 정보조차 밝히기를 꺼리는 사람도 있다. 자신이 궁금해하는 정보를 알려주면 좋지만 설령 알려주지 않았다고 해도 서운해하지 말아야 하는 이유다.

조문을 하러 간 장례식장에서 고인이 어쩌다 돌아가시게 됐는지 꼬치꼬치 묻는 사람들을 종종 본다. '병환'이나 '사고' 같은 두루뭉술한 설명으로는 넘치는 호기심이 충족되지 않는 사람들이다. 병이라면 어떤 병을 어떻게 겪었고, 사고라면 언제 어디서 어떤 사고를 당했는지를 기어코 알아내려 한다. 심지어는 조문객이 아닌 상을 치르느라 슬픔에 빠져 있는 상주를 붙잡고 그런 질문을 하기도 한다. 빈소라는 상황과 장소에도 맞지 않는 질문일 뿐더러 고인의 사적인 영역에 대한 접근이라는 점에서 매우 무례한 태도라 할 수 있다.

소위 말하는 '알 권리'는 제한 없이 모든 상황에서 적용되지 않는다. 보건복지부에서 발표한 '자살예방보도준칙'이라는 것이 있다. 유명인 등 대중에게 영향을 줄 수 있는 사람이 자살했을 때, 그 사람을 자신과 동일시하여 자살을 시도하는 '베르테르 효과'

를 방지하기 위한 목적으로 만들어진 준칙이다. 여기에 따르면 언론은 구체적인 자살 방법, 도구, 장소, 동기 등을 보도하지 말아야 한다. 그리고 이 원칙은 고인의 인격과 유가족의 사생활을 보호한다는 또 하나의 목적을 가진다. 알 권리에 개인의 사생활은 포함되지 않는다는 사실을 알아야 한다. 그리고 이는 사회적으로 이름이 널리 알려진 유명인들뿐만 아니라 일상에서 마주치는 모든 사람들에게도 고르게 적용되어야 한다.

　타인의 사생활이 궁금할 수는 있다. 하지만 내 질문이 상대에게 민감하게 받아들여질 수 있다는 사실을 아는 사람은 절대 함부로 사적인 질문을 하지 않는다. 물론 사생활의 범위가 딱 정해져 있지는 않기 때문에 사람마다 넘지 말아야 할 선의 기준은 다를 수 있다. 이렇게 기준이 모호할 때 쓸 수 있는 가장 좋은 방법은 항상 '보수적'으로 생각하는 것이다. 엘리베이터에서 만난 쌍둥이 부모에게 임신 과정을 묻지 않는 것, 일터에서 만난 거래처 사람에게 연애 여부를 묻지 않는 것, 아이의 학교 선생님에게 나이와 거주지를 묻지 않는 것 등 선을 넘지 않는 질문을 하지 않는 것이 곧 그 사람에 대한 존중이다.

　또한 세상에서 가장 가까운 존재인 가족 간에도 때로는 지켜줘야 할 사생활이 있다. 아무리 가족이라 하더라도 그들 역시 한 명의 타인이기 때문이다. 가족의 사생활도 지켜줘야 한다는 마음

또한 사랑하는 사람에 대한 존중이다. 다른 사람의 사생활을 존중할 줄 알아야 나의 사생활도 존중받을 수 있음을 기억하자.

✳ ─────

타인의 사생활이 궁금할 수는 있지만,
선을 넘는 질문을 하지 않는 것이
곧 그 사람에 대한 존중임을 기억하자.

# 의심의 말이 아닌
# 믿음의 말이 사람을 움직인다

사람이 몸을 움직여 무언가를 하기란 쉬운 일이 아니다. 내 몸을 내 의지로 움직이기도 어렵지만 남의 몸을 움직이게 만들기란 더욱 어렵다. 그게 재미없고 하기 싫은 일이라면 더더욱 말이다. 하지만 살다 보면 누군가를 움직이도록 만들어야 할 때가 있다. 가령 직장에서는 상사가 부하 직원에게 일을 시키고, 학교에서는 선생님이 학생들에게 공부를 시키며, 가정에서는 부모가 아이들에게 혹은 부부끼리 서로 청소나 심부름을 시킨다. 우리는 이런 행위들을 교육, 지시, 명령, 부탁, 요청, 요구 등 다양한 단어들로 부른다. 각각의 단어가 가지는 뉘앙스는 다르지만 결국 상대를 움직이게 만들기 위한 목적을 가졌다는 점은 같다.

상대로 하여금 내가 원하는 행동을 하도록 만들고 싶다면 과도한 재촉은 오히려 도움이 되지 않는다는 점을 기억해야 한다. 로버트 치알디니와 더글러스 켄릭, 스티븐 뉴버그가 쓴 책《사회심리학》에 따르면 대부분의 사람은 자신을 향한 압박에 저항하는 경향성을 가진다고 한다. 이 저항성은 인간을 인간으로서 존재하게 하는 가장 중요한 속성이 바로 '자유'라는 점에서 기인한다. 즉, 어떤 행동을 하도록 강요받는 것은 내 자유가 침해당하는 일이기 때문에 정도의 차이가 있을 뿐 사람이라면 누구에게나 유쾌한 일이 아니라는 얘기다. 그리고 때로는 단순히 불쾌의 수준을 넘어서 반감과 저항심이 생기게 되고 그 결과 강요된 행동을 의도적으로 하지 않거나 반대되는 행동을 하기도 한다.

《사회심리학》에 등장한 연구 결과가 이를 현실적으로 증명한다. 사람들은 주차장에서 출차하기 위해 운전석에 앉았을 때 자신이 빠져나간 자리에 주차를 하기 위해 기다리는 차가 있으면 자리를 비켜주는 속도가 더 느려졌다. 심지어 경적을 울리거나 손짓을 하거나 비상등을 켜놓는 등의 압박이 더해지면 출차하는 속도가 훨씬 더 느려졌다. 압박의 강도가 세질수록 저항이 세진 것이다.

주차장 실험의 결과와 비슷한 또 다른 사례는 식당에서도 발견할 수 있다. 식사를 끝내고 서서히 일어설 준비를 하고 있을 때 식당 밖으로 대기 중인 사람이 눈에 보이면 자리를 비켜주는 속도가 더 느려진다. 마찬가지로 대기 중인 사람이 출입문에 서서 우리 식탁을 뚫어져라 쳐다보며 시계를 본다든지 발을 동동 구른다든지 하는 무언의 압박을 추가로 보내면 일어서는 속도는 더 느려진다. 물론 모든 사람이 이렇게 행동한다고 단정 지을 수는 없다. 어떤 사람들은 기다리는 타인을 배려해 더 서둘러 자리를 비워주기도 한다. 하지만 많은 사람이 저항성을 가지고 있는 것도 사실이므로 이를 고려한 안전한 대화가 필요하다.

공부를 하려고 책상에 앉았다 잠깐 핸드폰을 확인한 아이에게 "공부하랬더니 안 하고 뭐해! 너 또 핸드폰 하지?"라고 말하면 아이는 공부를 하려는 마음이 들었다가도 그 순간 반감이 생겨 하기 싫어지게 된다. 공부하는 모습을 직접 보지 못했으니 모를 수 있다고 쳐도 그렇게 말해서는 오히려 역효과만 날 뿐이다. 아이에게 공부를 하라고 시켰다면 갑자기 방문을 벌컥 열고 들어와 다짜고짜 "야! 너 공부하라니까 안 하고 뭐해! 빨리 해!"라고 말하기보다는 "아들! 공부 잘하고 있어?"라고 물어보자. 전자는 아이가 공부를 전혀 하고 있지 않다는 것을 전제로 하는 '지적'이고, 후자는 아이가 공부를 하고 있다는 것을 전제로 하는 '질문'이다. 당연히 듣는 아이에게는 후자의 질문이 부드럽고 편안하다.

아이가 뭘 하고 있었든 과거의 행동은 바뀌지 않는다. 중요한 것은 앞으로의 행동이다. 공부를 안 하고 있었다면 하도록 만들어야 하고, 하고 있었다면 계속 하도록 만드는 게 목적이다. 그렇다면 전자의 지적보다는 후자의 질문이 더 효과적일 수밖에 없다. 뭔가를 하려고 하는데 옆에서 "빨리 해!"라고 말하면 오히려 더 하기 싫어지는 법이다. 설령 지적을 받고 행동을 시작하더라도 기분이 좋을 리 없다. "엄마! 저 공부하고 있었어요! 공부하다가 지금 잠깐 친구한테 문자 와서 답장한 거예요!"라고 말해도 "하긴 뭘 해! 계속 놀고 있었으면서!"라고 말하는 대화처럼 이미 하고 있던 내 행동 자체를 부정당하기라도 한다면 억울함이 더해져 더 큰 저항과 반발이 생길 수 있다. 비단 공부뿐만이 아니라 부모의 모든 말에 반발을 하는 식으로 문제가 커질 수도 있다. 그러므로 상대방이 내가 요구한 행동을 하도록 만들고 싶다면 의심의 말이 아닌 믿음의 말을 사용하자. 사소한 표현 하나만 바꿔도 누군가를 더 긍정적으로 움직이도록 만들 수 있다.

믿음을 표현하는 말은 좋은 관계를 만드는 데 무척 중요하다. 아내가 남편에게 청소기를 돌려달라고 부탁하고 잠시 외출한다. 남편은 모처럼 아내에게 칭찬받을 요량으로 청소기도 돌리고 시키지도 않은 물걸레질까지 구슬땀을 흘려가며 열심히 해놓는다. 집에 돌아온 아내가 남편에게 청소를 했냐고 묻는다.

"응. 자기야. 청소기도 돌리고 물걸레질도 했어."

그러나 미심쩍은 듯 아내가 한마디 한다.

"하긴 뭘 해. 이게 한 거야? 또 대충 했구만."

남편은 억울하다. 나름대로 정말 열심히 했기 때문이다. 남편이 구슬땀을 흘리며 청소했던 그 장면을 아내가 직접 보지 못했기 때문에 남편의 노력은 아내 눈에 보이지 않는다. 심지어 청소는 바로 티가 나지 않을 수도 있는 일이다. 그래서 믿지 못할 가능성이 생긴다.

눈으로 직접 보지 못한 일뿐만 아니라 눈에 보이지 않는 마음도 마찬가지다. 야근을 하고 퇴근하는 남편을 위해 차를 가지고 지하철역 앞으로 마중을 나가려는 아내. "자기야. 오늘 내가 지하철역으로 데리러 갈게!"라고 말해놓았지만 갑자기 회사에서 업무 요청이 들어와 일을 보느라 나갈 수가 없게 됐다. 아내는 하는 수 없이 문자로 상황을 알려 놓는다.

"자기야. 나 회사에서 연락 와서 급하게 일해야 되거든. 미안한데 못 가겠다. 조심히 와!"

잠시 후 귀가한 남편에게 아내가 미안해하며 말한다.

"미안해. 내가 데리러 가려고 했는데 갑자기 일이 생겨서."

그 말을 들은 남편이 퉁명스럽게 한마디 한다.

"마음에도 없는 소리 하네. 그냥 귀찮아진 거 아냐?"

이 말을 들은 아내는 몹시 억울할 것이다. 진짜로 남편을 데리러 가려고 했기 때문이다.

내가 없는 곳에서 벌어진 과거의 일들과 상대를 배려하는 사람의 마음은 눈에 보이지 않는다. 설령 청소 상태가 내 마음에 쏙 들지 않더라도 "와! 너무 고마워! 물걸레질까지 했구나!"라고 말해주고, 꼭 데리러 가고 싶었다는 아내의 마음이 눈에 보이지 않더라도 "괜찮아! 자기 마음 내가 아니까. 고마워!"라고 말해주는 사람이 되는 것은 어떨까. 자기를 믿어주는 사람은 언제나 고마운 사람이니까. 그리고 사람은 나를 믿어주는 이를 위해 기꺼이 몸을 움직이고 싶어지는 법이니까 말이다.

＊——————

사람은 자신을 향한 압박에 저항하는 경향이 있다.
누군가가 어떤 행동을 하도록 만들고 싶다면
의심의 말이 아닌 믿음의 말을 사용하자.
사소한 표현의 변화가
누군가를 더 긍정적으로 움직이게 할 수 있다.

# 상대의 전문성을
# 인정해주는 말하기

우리는 종종 다른 사람의 전문성을 무시하거나 별것 아니라는 식으로 함부로 말하는 사람들을 만나곤 한다. 이들이 이렇게 함부로 말하는 이유는 대개 두 가지다. 깊이 생각하지 않고 즉흥적으로 말하는 경우와 상대를 무시하는 마음을 일부러 드러내는 경우다. 전자는 백번 양보해 실수로 이해할 수 있다 해도 후자는 명백하게 악의를 가졌다고 볼 수 있다. 실수든 악의든 듣는 사람에게 상처가 되는 말이라는 데는 변함이 없지만 말이다.

함부로 말하는 것의 대표적인 사례는 해보지도 않고, 잘 알지도 못하는 업무에 대해 그냥 자기 생각대로 말하는 것이다. 직업

특성상 나는 여러 기업의 교육 담당자들에게 다양한 주제로 강의 요청을 받곤 한다. 그때 기업에서 가장 많이 요청하는 내용 중 하나가 바로 부서 간 협업에 필요한 업무 관련 소통 매너다. 서로 다른 업무를 하는 부서끼리 협업을 하다 보면 의견 차이에 따른 갈등이 종종 생기곤 하는데, 그걸 무례하게 표현하는 경우가 많으니 동료에 대한 기본적인 예의를 갖춰 소통할 수 있도록 도와달라는 요청이다. 예를 들면 이런 식이다.

"우리 부서 업무 아무것도 모르면서 말도 안 되는 소리 하고 계시네, 우리 일 해봤어요?"

"그쪽 부서가 하는 일이 뭐가 있어요. 하루 종일 사무실에 앉아서 편하게 컴퓨터나 두드리면서."

"말이야 쉽죠. 직접 안 해봤으면 말을 마세요. 그거 어차피 안 돼요."

"디자인 이 정도로밖에 못 나와요? 다른 회사에서는 이렇게 했던데."

이와 같은 동료의 무지를 단정하고 비난하는 표현들, 같은 동료의 업무를 폄훼하는 표현들이 대표적이다. 상대에 대한 존중이 결여된 이런 말들은 비단 비즈니스뿐만 아니라 일상의 관계에서도 많은 갈등의 원인이 된다.

"내가 하는 일에 대해 당신이 알기나 해? 그냥 가만히 있어.

내가 알아서 할 테니까!"라든가 "당신이 나처럼 밖에서 일하기나 해? 여름엔 시원하고 겨울엔 따뜻한 집에서 편하게 살림하는데 뭐가 그렇게 힘들어?" 혹은 "당신은 사무실 책상에 앉아서 커피도 중간중간 마시면서 쉬엄쉬엄 일하잖아. 나는 하루 종일 집안일 하느라 제대로 쉬지도 못해!" 같은 말처럼 상대의 사정을 함부로 단정하는 말들이 부부 사이의 갈등을 만든다.

오랜만에 친구들을 만난 자리. 밤늦게까지 이어진 술자리가 끝나고 흥이 가라앉지 않은 친구들이 자리를 옮겨 한잔 더 하자고 한다. 그때 과일가게를 운영하는 친구가 아침 일찍 시장에 가야 한다며 빠지겠다고 말한다. 그때 한 친구가 말한다.

"야! 그깟 과일 파는 게 뭐 대단한 일이라고. 네가 사장인데 하루 가게 문 닫고 같이 더 놀다 가! 오랜만에 모였잖아. 우리가 그 과일 다 사줄게!"

이처럼 상대의 생업을 전혀 고려하지 않는 말들이 친구 관계에서의 갈등을 키운다. 말 속에 상대의 일에 대한 무시가 깔려 있기 때문이다.

싸움을 할 때 욕을 하면서 싸우는 사람도 있고 존댓말로 싸움을 하는 사람이 있듯이 내 주장을 펼칠 때 상대를 소위 깔아뭉개면서 내 말에 힘을 싣는 사람이 있고, 온전히 나의 상황에 집중하면서 내 말에 힘을 싣는 사람도 있다. 어느 쪽이 절대적으로 효과적이라고 말할 수는 없지만 후자의 방식이 결과로 보나 장기적인 인간관계로 보나 더 안전하다는 것만은 분명하다. 나를 아무것도 모르는 사람으로 만들고, 내가 하는 일을 아무것도 아닌 일로 만드는 사람의 말에 흔쾌히 동의하기는 누구든 쉽지 않기 때문이다. 게다가 그 무례한 말들은 오랫동안 기억에 남지 않는가. 살에 박힌 가시는 뽑으면 그만이지만 귀를 통해 들어온 말은 다시 꺼낼 수 없다.

다른 사람이 뭘 모르고 있다는 사실을 지적하는 표현 역시 매우 위험하다. 특히 그 사람의 직업과 관련한 것이라면 더욱 그렇다. 딸아이가 태어나서 처음 다닌 어린이집의 원장 선생님은 세 자녀를 키우고 있는 무척 좋은 분이셨다. 처음으로 아이를 다른 사람에게 맡기는 부모가 가진 염려와 기대를 잘 알아주셨고 그만큼 친절하고 세심하게 대해주신 덕분에 나는 안심하고 아이를 어린이집에 보낼 수 있었다. 태어나서 처음으로 부모가 된 우리 부부에게 육아에 대한 조언도 아낌없이 해주셨다. 그러던 중 개인 사정으로 원장 선생님이 다른 분으로 바뀌게 되었다.

새롭게 어린이집을 운영하게 된 원장 선생님은 결혼을 하지 않으셨고 나이도 비교적 젊으시지만, 유아교육을 전공한 분이었다. 밝은 표정에 친절한 태도를 갖추셨고 아이들을 위한 프로그램도 무척 신경 써서 만들었다는 게 한눈에 봐도 느껴졌다. 아이의 어린이집 생활에 대해 학부모 상담을 할 때에도 도움을 많이 받았다. 이 나이대의 아이들은 어떤 특징을 보이는지, 앞으로는 어떻게 변화할지, 그리고 그럴 때 부모인 우리가 어떻게 해야 할지 등등. 원장 선생님이 아이를 낳아보지도, 키워보지도 않은 미혼이라는 사실은 전혀 중요하지 않았다. 물론 그중에 다소 비현실적이라고 생각되는 조언들도 없지 않았다. 하지만 동의하기 어려운 그 몇 가지보다는 전문가로서의 여러 이론적인 조언이 부모인 우리에게는 더 큰 도움이 되었기 때문에 문제될 것이 없었다. 당연히 동의가 어려운 부분에 대해서는 굳이 반박을 하지 않았다.

그런데 원장 선생님의 말씀에 따르면, 간혹 학부모들 중에 선생님이 출산과 육아 경험이 없다는 점을 들어 선생님의 말을 아예 무시하고 함부로 말하는 경우가 있다고 한다. "선생님. 애 안 낳아보셨죠? 모르고 하시는 말씀이에요!", "선생님. 육아는 이론으로 하는 게 아니에요. 막상 키워보면 그렇게 안 된다니까요."와 같은 말이다. 얼핏 들으면 그저 '사실'을 말했으니 문제 없는 말 같지만 이런 표현은 상대가 가진 전문성을 부정하는 아주 무례한 말이다. 선생님이 건네는 조언을 아예 틀린 것으로 만들어버리기 때문이다. 그렇게 따진다면 선생님도 학부모에게 같은 식의 말을 할 수 있다. "어머님, 아버님은 여러 아이를 경험해보시지 않으셔서 모르세요. 전공 공부 안 해보셨잖아요."

모든 사람은 강점과 약점을 동시에 가진다. 사람의 몸은 하나고 그런 이유로 할 수 있는 경험에도 한계가 있을 수밖에 없다. 이건 어쩔 수 없는 세상의 이치다. 그러니 직접 경험이 아니더라도 간접 경험을 통해 어떤 분야의 전문가가 될 수 있다는 사실을 인정하자. 병을 고치는 의사들이 모든 병에 걸려보지 않았듯이, 이혼 전문 변호사가 이혼을 해보지 않았듯이, 남자 산부인과 의사가 애를 낳아보지 않았듯이 말이다. 이 사실을 인정한다면 절대 다른 사람의 어쩔 수 없는 부족한 부분에 대해 함부로 말할 수 없게 된다. 직접 경험도 간접 경험도 모두 존중받아야 한다. 아이를 낳고 키워본 학부모의 경험도 존중받아야 하고 전문적인 육아 이론을 공부하고 다수의 아이들을 가르쳐본 교사의 경험도 존중받아야 하는 것이다. 서로 헐뜯을 수 있고 서로 존중할 수도 있다면 당신은 어떤 쪽을 선택할 것인가.

✳ ─────
상대에 대한 존중이 결여된 말들은
비즈니스뿐만 아니라 일상에서도 많은 갈등의 원인이 된다.
무언가를 꼭 직접 경험해야만 알 수 있는 것은 아니다.
타인의 전문성과 직업을 인정할 줄 아는 예의를 갖추자.

# 완벽을 강요하지 않는 태도가
# 좋은 인간관계를 만든다

세상에 완벽한 사람은 존재하지 않는다. 우리는 인간이기에 누구든지 실수를 할 수도 있고 잘못을 할 수도 있으며 틀릴 수도 있다. 이 사실을 알고 있는 사람은 타인과의 갈등을 일으킬 확률이 낮을 뿐더러 갈등이 발생하더라도 원만하게 해결할 확률이 높다. 갈등이 일어났을 때 거기에 타인의 잘못뿐만 아니라 나의 잘못은 없는지 돌아볼 수 있는 능력을 가진 사람이기 때문이다.

반대로 '나는 틀릴 일이 없다'라는 확신에 찬 사람은 빈번하게 갈등을 일으키며 그 해결 또한 원만하지 못할 가능성이 크다. 이들은 자신이 겪는 모든 좋지 않은 일을 다 다른 사람의 탓으로 돌린다. 이들은 자신이 이렇게 힘들게 살고 있는 건 부모 때문이고 사회 때문이며, 우리 집에 대화가 없는 건 배우자와 자녀들에게 문제가 있어서라고 생각한다. 골프 실력이 늘지 않는 건 골프채가 안 좋아서고, 기분이 우울한 건 날씨가 안 좋아서다. 물론 혼자 그렇게 생각하는 것은 개인의 자유지만 이렇게 주변을 탓하는 마음을 타인과의 대화에서 표출하게 되면 그 순간 심각한 문제가 발생한다.

소통 강연을 다니다 보면 많은 사람이 비즈니스 소통만큼이나 가족 간의 소통에서 어려움을 겪고 있다고 하소연 아닌 하소연들을 하곤 한다. 비즈니스로 만나는 사람들은 친한 사이라 해도 어쨌든 남남이라 최소한의 예의라도 지키지만, 가족끼리는 굳이 예의를 차릴 필요가 없다고 생각해 오히려 배려 없는 말, 상처 주는 말들을 쉽게 내뱉기 때문이다.

한 강연에서 만난 결혼 10년 차에 접어든 남성분도 내게 비슷한 하소연을 들려주었다. 그분은 집에서 아내에게 제일 많이 듣는 말이 "당신 잘못이야!"라고 했다. 부부가 함께 살다 보면 당연히 마찰을 빚기도 하고 부부 싸움을 할 수도 있지만 뭐든지 항상 자기 잘못으로 결론이 나는 게 그분은 무척 억울하다고 했다. 더구나 아내가 자신보다 연상이고 말도 또박또박 잘해서 아내가 자신의 잘못은 쏙 빼고 뭐든 그분 탓으로만 몰고 가니 답답해 미칠 노릇이라고 토로했다. 그렇게 지낸 세월이 벌써 10년으로, 그분은 이길 수 없는 말싸움을 하기도 싫고 아이들에게도 싸우는 모습을 보여주고 싶지 않아 그냥 참기로 했단다. 강연을 들으러 온 날도 대화 끝에 그냥 미안하다고 말하자 아내가 "그러니까 제발 좀 잘해! 당신만 잘하면 우리 아무 문제 없어!"라고 했단다. '그래, 안 싸우고 잘 지나갔으니까 됐다'라고 스스로 위로해보지만 그분은 가슴속이 답답하고 언젠가 그동안 쌓인 게 한 번에 터져버릴 것 같다며 자못 걱정스럽게 이야기했다.

부부 사이에 갈등이 생기거나 자녀들에게 문제가 생겼을 때 그 원인은 단 하나일 수 없다. 삶의 여러 요소들이 그 갈등에 직간접적으로 영향을 미칠 뿐만 아니라 인간관계에서는 모든 당사자에게 각자의 역할과 책임이 있기 때문이다. 절대 "이건 다 당신 잘못이야!"라거나 "애 똑바로 안 가르치고 뭐했어!"라고 말해선 안 된다. 하물며 교통사고가 났을 때도 쌍방의 과실을 정할 때 10 대 0이 되기가 어렵다. 한쪽이 명백히 피해를 입은 것 같아도 9 대 1 혹은 8 대 2의 비율을 받는 경우가 대부분이다.

결국 갈등을 잘 해소하는 방법은 상대의 잘못만 들추어내기보다 거기에 나의 잘못은 없었는지 돌아보고 그 과정을 통해 서로 사과를 주고받는 것이다.

"당신의 그 말 때문에 화가 났었어. 근데 나도 잘한 건 없지.

나도 미안해."

나도 잘못한 부분이 있으니 상대의 잘못도 이해할 수 있다는 마음. 나도 완벽하지 않으니 상대에게도 완벽을 강요할 수 없고 상대도 완벽하지 못할 수 있다는 마음. 이런 열린 마음이 좋은 대화와 좋은 인간관계를 가능하게 만든다.

그럼에도 끝끝내 내가 틀리지 않았다는 생각에서 벗어나지 못하는 사람은 명백한 사실관계도 부정하는 최악의 단계까지 가기도 한다. "어제 당신이 그렇게 말해서 나 진짜 기분 나빴어."라고 말하는 배우자에게 "그 말이 기분 나빴다고? 어떤 부분에서?"라고 말한다면 말을 했다는 사실은 인정하는 것이라, 이 사실을 놓고 대화하기만 하면 된다. 하지만 "내가 언제? 난 그런 말 한 적 없는데? 당신이 잘못 들었겠지."라고 말한다면 자신이 했던 말 자체를 부정하는 것이니 대화 자체가 시작되지 못할 것이다. 배우자가 한 그 말을 또렷하게 기억하고 있는 상대방 입장에서는 답답하다 못해 미치고 팔짝 뛸 노릇이다. 이들은 자신이 잘못했다는 사실을 인정하는 순간 그 싸움에서 불리해지는 것은 물론 자신의 권위가 무너진다고 생각하기 때문에 잘못 자체를 인정하지 않으려 한다.

이런 잘못된 태도는 배우자뿐만 아니라 자녀들에게도 좋지 않은 영향을 미친다. 자신의 잘못을 인정하지 않는 사람들이 하는 큰 오해 중 하나는 부모가 자녀 앞에서 잘못을 인정하면 부모의 권위를 잃는다고 생각하는 것이다. 하지만 실제로는 그 반대다. 오히려 명백한 잘못을 인정하지 않을수록 부모의 권위는 더욱 낮아지기 마련이다. 진짜 권위 있는 모습은 자신의 잘못을 솔직하고 깔끔하게 인정할 때 드러난다. 자신의 권위를 유지하기 위해 부린 고집이 의도와는 반대로 자신을 논리적이지 못한 사람, 이성적이지 못한 사람, 대화가 통하지 않는 사람으로 만들 수 있다는 사실을 기억해야 한다.

우리 모두는 완벽하지 않다. 완벽해야 한다는 강박을 내려놓고 누구나 완벽하지 않다는 사실을 인정한다면 상대를 더 이해할 수 있고, 상대로부터 더 이해받을 수 있을 것이다. 서로를 이해하는 관계는 어디서도 얻을 수 없는 행복과 평화를 준다.

✳ ————

내가 완벽하지 않은 만큼
상대에게도 완벽을 강요하지 말자.
이런 열린 마음이 좋은 대화와
좋은 인간관계를 가능하게 만든다.

## 4장

# 마음을 편안하게 해주는 현명한 말투

# 어떤 상황에서든
# 좋지 않은 말, 비교

본가에 다녀온 E씨는 결국 또 한바탕 말싸움을 하고선 집을
나왔다. 본가에 가서 부모님과 대화를 할 때마다 매번 이런 식
이다. 그가 부모님과 대화를 하다 다투는 결정적인 이유는 항
상 다른 집 자식들과 자신을 비교하는 부모님의 화법 때문이
다. 물론 부모님은 서운한 마음에 그런 말을 했을 것이다. 빠듯
한 형편 탓에 넉넉하게 뭘 사드리지도 못하고 살갑지 않은 성
격 탓에 자주 안부 전화를 하는 정서적 효도도 제대로 하지 못
한 게 사실이다. 당연히 부모 입장에서 자식에게 더 바라는 점
이 있을 수 있고 자식이 그 바람에 미치지 못하면 서운함을 표

현할 수도 있다고 생각한다. 하지만 서운함을 전달하는 그 표현이 늘 문제다.

"내 친구는 이번에 자식들이 해외여행을 보내줬더라."

"옆집 김 여사네 아들은 진작에 결혼해서 벌써 손주를 둘이나 안겨줬는데……."

"다른 집 자식들은 하루에 한 번씩은 꼭 전화해서 안부를 묻는다던데."

이런 비교를 당하면 그는 죄송한 마음이 들다가도 화가 나서 버럭하게 된다.

"내 친구는 부모님이 이번에 아파트 하나 해주고 다른 친구는 차 한 대 사줬대요! 저도 이런 거 다 말씀드려요?"

그제서야 어색하게 대화가 마무리되지만 이미 감정은 서로 상할 대로 상한 상태다. E씨는 정말 궁금하다. 마음에 안 들면 그냥 마음에 안 든다고만 하시지 왜 꼭 비교를 하시는 걸까? 남들은 본가에 가면 부모님과 즐겁게 맛있는 음식을 먹으며 편안하게 쉬고 온다던데 나는 왜 그러지 못하는 거지? 그러다 문득 이런 생각이 들어 깜짝 놀란다.

'아! 잠깐, 나도 지금 비교한 건가?'


**오늘날 우리는 치열한 경쟁사회에서 살아가고 있다. 학창시절에**

는 수많은 수험생들과 성적으로 경쟁해야 하고, 좁디좁은 취업문을 뚫기 위해서도 치열한 경쟁은 필수다. 그 경쟁에서 승리해 입사한 뒤에도 제한된 승진의 기회를 잡기 위해 동료들과 경쟁을 해야 한다. 업계에서의 성과를 위해 라이벌 회사와 끝없이 경쟁해야 함은 말할 것도 없다. 하다못해 동네에 작은 카페를 하나 차리더라도 근처 카페들과 경쟁을 해야 살아남는다. 일상에서도 삶은 경쟁의 연속이다. 아이를 유치원에 입학시키기 위해 수많은 학부모와 경쟁해야 하고 한정판 제품을 사기 위해 수많은 수집가들을 제치고 오픈런에 성공해야 한다. 버스나 지하철에서도 빈 자리를 차지하기 위해 다른 승객들과 알게 모르게 눈치 싸움을 한다.

이렇듯 세상을 사는 데 있어 타인과의 경쟁은 반드시 존재하고 그래서 경쟁이 꼭 나쁘다고만은 할 수는 없다. 다만 그렇다고 하더라도 경쟁이 절대 즐거운 일은 아니다. 정도의 차이가 있을 뿐 모든 경쟁은 힘들고 괴롭다. 그리고 같은 상황에서 누가 더 나은 판단과 행동을 했는지에 따라 성공과 실패가 결정되기 때문에 경쟁은 반드시 비교를 동반한다. 경쟁에서 오는 스트레스는 곧 타인과의 비교에서 오는 스트레스인 것이다. 우리가 어떤 상황에서든 대화에서 비교를 제거해야 하는 이유가 바로 여기에 있다.

비교가 나쁘다는 것쯤은 누구나 안다. 그럼에도 불구하고 그 나쁜 행동을 하게 되는 이유는 무엇일까? 보통 좋지 않은 상황에서 비교의 말을 쓰기 때문이다. 상대의 잘못을 탓하고 서운함을 쏟아내는 말다툼을 할 때 나도 모르게 비교의 말을 하고는 한다. "다른 집 남편은, 다른 집 아내는, 다른 집 자식은, 다른 집 부모는" 같은 말이 가족처럼 가까운 관계에서 흔히 쓰는 대표적인 비교의 말이다.

비교를 하는 목적은 누군가의 잘못을 더 부각시키고 명확히 하면서 동시에 내가 하는 지적과 비난의 정당성을 강조하기 위해서다. 이 목적이 달성되어 상대방이 잘못을 인정하고 뉘우치게 된다면 아주 다행이겠지만 대개는 목적과 정반대의 효과를 가져온다. 비교 대상이 된다는 것 자체가 나의 잘잘못과는 별개로 불쾌하기 때문이다. 설령 자신의 잘못으로 미안한 감정이 들다가도 비교를 당하면 미안한 마음이 사라진다. 당연히 이렇게 감정이 틀어지면 싸움만 더 커질 뿐이다.

그러므로 상대의 잘못에 대한 인정과 반성을 얻어내기 위해 비교의 말을 사용하는 것은 절대로 좋은 선택이 될 수 없다. 당신의 말다툼에서 남들과의 비교를 철저히 빼자. 상대의 행동에서 뭐가 서운한지만 말하고 어떻게 해줬으면 좋겠는지만 이야기하자. 특히 가족이나 친구 등 계속 관계를 유지해야 하는 사람과의 다툼에서는 절대 마음의 상처를 남기면 안 된다.

좋지 않은 상황에서 쓰는 비교의 말은 그것이 나쁜 대화 습관이라는 걸 누구나 알기에 의식적으로 노력하면 쉽게 고칠 수 있다. 그런데 '좋은 상황에서의 비교'는 그것이 잘못된 행동이라고 인지조차 못하는 사람들이 많아 고치기가 더욱 어렵다. 남들과의 비교는 서로 싸울 때뿐만 아니라 분위기가 좋은 상황에서도 종종 사용된다. 사람들이 쉽게 간과하는 사실이 있으니, 아무리 좋은 분위기였다고 해도 비교의 말은 언제나 나쁜 쪽으로 작동한다는 것이다. 이때의 비교는 잘못을 부각시키기보다 탁월함을 희석시킨다.

학교에서 좋은 성적을 받아 돌아온 아이가 엄마 아빠에게 활기찬 목소리로 말한다. "엄마! 아빠! 나 이번에 성적 엄청 올랐어요!" 혹은 바쁜 하루를 보내고 퇴근한 부모에게 "엄마! 아빠! 저 혼자 밥 먹고 설거지까지 다 해놨어요!"라고 신나게 말한다. 이 말들을 들은 부모는 "잘했어! 우리 아들! 너무 멋지다! 최고야! 고마워!"라고 말한다. 아주 정상적이며 좋은 대화다.

하지만 이런 상황에서 "아들. 남들도 다 그 정도는 해."라고 말하는 사람들이 있다. 좋은 상황에서도 굳이 남들과 비교를 하는 것이다. "여보. 나 요즘 좀 잘하고 있지 않아? 일도 열심히 하고 육아도 잘하고 있잖아. 그렇지?"라고 말하는 배우자에게 "내 친구 배우자들도 다 그 정도는 해."라고 말하는 것, "딸! 김치 담가났으니까 시간 될 때 와서 가져가. 때마다 맛있는 김치 챙겨주니까 고맙지?"라고 말하는 엄마에게 "엄마! 내 친구 엄마들도 다 자식들 김치 챙겨줘! 새삼스럽게 고맙기는!"이라고 말하는 것. 모두 비교의 말들을 사용한 대화다.

누구에게나 자신이 잘했다는 생각이 드는 뿌듯한 순간이 있다. 그럴 때는 주변 사람들이 알아줬으면 하는 마음이 들기도 한다. 큰 칭찬을 바란다기보다 그저 "잘했어! 고마워!" 같은 인정의 말 한마디가 듣고 싶을 뿐이다. 그런 상황에서 '남들도 당신만큼 잘하고 있다'는 비교의 말은 그 사람이 한 좋은 행동을 특별할 것 없는 누구나 하는 행동으로 만들어버린다. 나도 모르게 내뱉는 말 한마디가 누군가의 '좋은' 행동을 '특별히 좋을 것 없는' 행동으로 만들 수 있음을 기억해야 한다. 당신의 칭찬에서 남들과의 비교를 철저히 빼자. 상대가 잘한 일에만 집중하여 온전히 칭찬하고 충분히 고마운 마음을 전달하자. 더 잘난 사람과의 비교는 듣는 사람에게도, 말하는 사람에게도 절대 도움이 되지 않는다.

자세하게 설명을 하긴 했지만 이렇게 복잡한 의도를 하나나 생각해가며 비교의 말을 쓰는 사람은 거의 없다. 대부분은 별 뜻 없이, 나도 모르게 사용하는 경우가 많다. 나도 모르게 하는 행동을 우리는 '습관'이라고 부른다. 비교하는 대화가 습관이 되어서는 절대 안 된다. 자신도 모르는 사이에 나쁠 때나 좋을 때나

습관적으로 비교의 말을 사용하고 있지는 않은지 곰곰이 생각해
볼 필요가 있다.

✳ ─────

비교는 어떤 상황에서든

나쁜 대화 습관이다.

다툼을 할 때든 칭찬을 할 때든 당신의 말에서

남들과의 비교를 없애라.

언제나 상대의 행동 그 자체에만 집중하여

말하는 습관을 들여야 한다.

# "너만 힘들어? 나도 힘들어!" 맞는 말이 항상 정답은 아니다

사람이 어떤 말을 할 때는 다 이유가 있기 마련이다. 혼잣말이 아닌 타인과 말을 주고받는 대화에서는 내가 기대하는 상대의 반응을 이끌어내는 것이 곧 말을 하는 이유가 된다. 이를테면 "배고프다."라는 말에는 "밥 먹자."라는 말이, "너무 피곤해."라는 말에는 "얼른 쉬어."라는 말이 말한 사람의 의도에 맞는 자연스러운 대답이다. 일상의 모든 대화는 이렇게 자연스러운 흐름으로 이어지는 것이 정상이다.

그런데 가끔은 상대의 의도와 맞지 않는 대답으로 갈등이 야기되거나 증폭되는 경우도 있다. 그 대표적인 표현이 바로 모두가 한 번쯤은 들어봤을 법한, 그리고 한 번쯤은 말해봤을 법한 "너만 힘들어? 나도 힘들어!"다.

이 표현은 안면이 없는 낯선 사람끼리가 아니라 부부나 연인 사이, 그리고 부모 자식이나 형제자매 사이처럼 오랜 시간을 함께 지낸 친밀한 관계의 사람들이 갈등을 일으키는 상황에서 자주 쓰인다.

이런 갈등은 이제 막 육아를 시작한 부부들에게서 많이 일어난다. 아이가 태어나 이제 막 육아를 시작한 부부들이 초반에 가장 힘들어하는 부분이 바로 잠을 제대로 자지 못한다는 것이다. 그러다 보니 아이를 사랑하는 마음과는 별개로 몸과 마음이 지칠 수밖에 없는데, 이 시기에 정신적으로 예민해진 상태에서 서로에게 상처가 되는 말들을 쏟아내는 경우가 많다. 아이를 같이 키우는 배우자에게 힘듦을 토로하고 싶어서 힘들다고 말했을 뿐인데, "자기 많이 힘들지. 고생이 많아."라고 말해주기는커녕 "너만 힘드냐? 나도 힘들어!" 같은 말을 듣거나 해본 경험이 있을 것이다. 따뜻한 말을 기대했던 배우자 입장에서는 마음이 무너지면서 화가 치밀 수밖에 없다. 그러면 "네가 나만큼 힘들어? 내가 얼마나 힘든지 알아?" 같은 반응이 이어지면서 처음 바랐던 이해와 위로가 가득한 대화와는 전혀 다른 방향으로 대화가 흘러가버리고 만다.

힘들다고 말하는 사람에게 '나도 힘들다'는 사실을 알려주는 이 표현은 대화 자체만 놓고 보면 별 문제가 없다. 하지만 사람 사이의 관계 측면에서 보면 매우 좋지 않은 대화 습관이다. 그 의도와 타이밍에 맞는 적절한 대답을 해야 좋은 대화가 되고 좋은 관계가 만들어질 수 있다.

먼저 "나 힘들어."라고 말하는 사람의 의도를 잘 이해해야 한다. 힘들다는 말 안에는 두 가지 의도가 담겨 있는데 첫 번째는 나의 힘듦을 해결해달라는 구체적인 요청이고, 두 번째는 그저 들어주고 알아달라는 정서적인 공감이다. 지금 당장 해결될 수 없는 문제이거나 스스로가 해결해야 하는 문제라는 것을 잘 알고 있음에도 상대에게 힘들다고 말하는 경우가 바로 후자의 의도를 갖고 말하는 경우다. 때로는 상대가 알아주는 것만으로도 위로가 되고 그래서 고통이 덜어지기도 하기 때문에 실제로 많은 사람이 일상에서 이런 목적으로 힘들다는 말을 한다.

그런데 상대방이 이 '의도'를 알아채지 못하면 대화가 좋지 않은 방향으로 전개된다. "나 너무 힘들어."라는 말에 "나더러 뭐 어떡하라고?"라고 대답한다거나 "그래서 내가 어떻게 해야 되는데?"같이 해결 방법에 초점을 맞춘 반응이 대표적이다. "그런 거 가지고 힘들다고 하면 안 되지." 같은 말이나 "그런 말 하는 거 아니야."처럼 시시비비를 가리는 반응들도 있다. 뾰족한 해결 방법이 당장 떠오르지 않으니 "근데 나도 힘들어!"라는 날 선 말로 이어지기도 한다. 그러면 공감해주기를 바라며 말했던 사람은 "해결해달라는 게 아니라 그냥 그렇다고 말하는 거야."라고 뒤늦게 자신의 의도를 표현한다. 하지만 이때는 이미 서로에게 상처를 남기기 시작한 후다.

그래서 공감을 표현하는 말이 중요하다. "그랬구나. 많이 힘들었구나.", "정말 많이 힘들었겠네."라는 말로 가장 먼저 상대가 힘들어하는 부분을 인정해주자. 그리고 더 나아가 공감을 넘어 "힘들 텐데 잘해줘서 고마워."라는 말로 고마움을, 때로는 "힘들었을 텐데 더 신경 못 써서 미안해."라는 말로 미안함을 표현해주자. 어쩌면 오랜 시간 동안 망설이다가 어렵게 말을 꺼냈을지도 모를 당신의 소중한 사람에게 든든한 위로와 응원이 될 것이다.

반대로 힘들다고 말하는 사람도 상대를 배려하며 말할 수 있다. 사람의 마음속에 있는 의도는 눈에 보이지 않기 때문에 직접 말하지 않으면 알아차리기 힘들다. 알려주지 않고 알아주기만을 바라는 것은 이기적인 행동일지도 모른다. 내가 이 말을 하는 의도를 밝히는 게 별것 아니지만 큰 배려가 된다. "자기야. 내가 너무 힘든데 혹시 도와줄 수 있어?"라는 말이나 "자기야. 내가 너무 힘든데 그냥 얘기 좀 들어줄 수 있어?"라는 말로 상대에게 어떤 반응을 원하는지 알려주자. 상대는 조금 더 편안하고 차분하게 당신의 말을 들어줄 수 있을 뿐만 아니라 당신이 기대하는 대답을 들려줄 수도 있을 것이다. 어려운 일을 쉽게 할 수 있도록 돕는 것이 배려의 핵심임을 기억하자.

갓난아이를 키워본 사람이라면 누구나 시도 때도 없이 우는 아이 때문에 진땀을 흘린 적이 많을 것이다. 시간이 정해져 있지도 않고 왜 우는지도 불분명한 그 울음. 나 역시 이제 막 육아를 시작했을 때는 모든 게 미숙한 초보 아빠였던지라 아이가 울면 당황하기 시작했다. 어떻게든 달래서 울음을 그치게 해야 한다는 일념으로 아이가 평소에 좋아했던 인형들을 손에 잡히는 대로 집어 들어 아이의 눈앞에서 흔들었다. 하지만 매번 좋아하는 인형을 눈앞에서 흔드는 내 행동은 그다지 효과가 없었다. 그 이유를 육아가 조금 익숙해진 나중에야 알게 되었다. 엉엉 우는 아이를 잘 관찰해보면 눈을 질끈 감고 운다. 눈을 꽉 감고 있는 아이 앞에서 인형을 흔들어봤자 애초에 보이지를 않는데 그게 무슨 소용일까. 그랬다. 장난감은 눈을 뜨고 있을 때 흔들어야 했던 것이다.

그 이후로 나는 아이가 울 때는 눈앞에서 인형을 흔들기보단 쓰다듬거나 안아주기 같은 촉감으로 아이를 달래고 귀 근처에 평소에 즐겨듣던 동요를 조금 크게 틀어 시각이 아닌 청각으로 안정감을 주려 노력했다. 이런 방법으로 아이가 진정을 하고 질끈 감은 눈을 뜨게 되면 그때 좋아하는 인형을 눈앞에서 흔들어주었다. 그러면 아이는 비로소 울음을 그쳤다. 적절한 방법을 적절한 타이밍에 사용하게 된 것이다.

이렇게 아이를 달랠 때처럼 말에도 타이밍이 중요하다. 힘들다고 말하는 사람에게 "나도 힘들어."라고 말하고 싶을 때가 왜 없을까? 상대가 힘든 것도 알겠지만 나도 힘들다고 말하고 싶을 때가 있다. 중요한 건 타이밍이다. 힘들다는 상대방의 말에 곧바로 "나도 힘들어."라고 말하는 것은 눈을 감고 우는 아이 앞에서 인형을 흔드는 일과 같다. 힘들다고 말하는 사람은 지금 자신의 고통 외에는 다른 것을 생각할 수 없는 상태에 놓여 있다. 그런 상대방에게 '나도 힘들다'고 말하고 싶더라도 일단 상대의 말에 온전히 공감해주는 대답을 해보자. 그리고 상대의 마음이 풀릴 때까지 충분히 그 이야기를 들어주자.

그렇게 그 대화가 잘 마무리되고 상대의 마음이 진정된 후에, 그때 나의 괴로움을 얘기해도 늦지 않다. 우는 아이가 질끈 감은 눈을 뜰 때까지 다독이며 기다려주는 것처럼 말이다. 쉽지는 않겠지만 이런 여유를 가지고 대화를 한다면 상대의 힘듦도 잘 들어주고 나의 힘듦도 잘 전달하는 최고의 대화를 할 수 있다.

그리고 이렇게 좋은 대화를 하는 멋진 당신에게 사람들은 무척 고마워할 것이다. 때로는 잘잘못을 따지는 논리가 아니라 인정과 공감이 인간관계를 더 멋지고 풍요롭게 만든다.

✳ ———

이해와 위로를 구하는 말에
논리와 해결 방법을 이야기하지 말자.
의도와 타이밍에 맞는 적절한 대답을 해야
좋은 대화가 되고 좋은 관계가 만들어질 수 있다.

# 무뚝뚝한 성격이라는 말은
## 핑계일 뿐

연애나 결혼 상대로 작은 일에도 표현을 잘 할 줄 아는 사람을 만나라는 조언을 누구나 한 번쯤은 들어봤을 것이다. 굳이 이 조언이 아니더라도 우리는 누구나 표현을 잘하는 연인이나 배우자를 만나고 싶어 한다. 하지만 세상에는 표현을 잘하는 사람이 있는가 하면 그렇지 못한 사람도 있다. 당연히 표현력이 부족한 점은 아쉬운 일이지만 그렇다고 해서 표현을 잘 하지 않는 사람을 무작정 비난하는 것은 옳지 않다. 표현을 잘 하지 못하는 사람에게도 그들 나름의 이유가 있기 때문이다.

바로 성격이다. 무엇이든 표현을 잘하는 사람에게는 이해하기 어려운 일이겠지만 내성적이거나 낯을 많이 가리는 성격, 부끄러움이 많은 사람들에게는 인사 한마디, 사과와 감사의 한마디 건네는 일이 쉽지 않다. 사실 성격은 선천적으로 주어진 부분이라 내가 바꾸고 싶다고 쉽게 바꿀 수 있는 것이 아니다. 이런 사람들에게 '넌 왜 표현 하나를 제대로 못하냐'라고 말하는 것은 자칫 표현력을 넘어 상대방의 성격 자체를 비난하는 일이 되므로 주의가 필요하다. 표현을 '안' 하는 게 아니라 '못'하는 것이라는 이해가 필요하다.

하지만 이건 어디까지나 표현을 못하는 사람을 바라보는 주변 사람들이 갖춰야 할 이해의 태도다. 성격 때문에 표현을 못하는 사람이 항상 이런 배려를 받아가며 표현을 소홀히 해도 상관없다는 얘기는 절대 아니다.

"내 성격 이런 거 하루이틀이야?"

"경상도 남자는 원래 무뚝뚝한 거 몰라?"

"이렇게 생겨먹은 걸 어떡하겠어. 네가 이해해."

이러한 말들로 자신의 부족한 표현력을 정당화해서는 안 된다. 성격은 부족한 표현에 대한 영원한 면죄부가 될 수 없기 때문이다.

표현을 잘 못하던 사람이 갑자기 표현을 하는 게 쉽지 않겠지만, 혹은 당장 풍성한 표현력을 가질 수는 없겠지만 그래도 반드시 노력해야 한다. 표현은 타인과의 소통에 필수 요건이기 때문이다. 표현을 해야 내가 어떤 생각을 하고 있는지, 몸과 마음이 어떤 상태인지, 당면한 문제에 대해 어떤 의견을 가지고 있는지 알수 있다. 표현이 적으면 적을수록 소통이 어려워지고 많으면 많을수록 원활해지는 것은 당연한 이치다.

표현을 잘 하지 않는 사람과 함께 지내는 사람들이 가장 흔하게 하는 하소연이 "답답해 죽겠다."인데, 이 한마디가 소통에서의 표현의 중요성을 잘 설명해준다. 자신의 상태를 알려주지도 않고 상대가 알아주기를 바라는 것은 이기적인 행동이다. 표현력을 키우는 일은 남을 위한 배려이기도 하지만 내가 원하는 바를 얻기위한 기술이기도 하다. '우는 아이 젖 준다'는 속담처럼 무슨 일이든 자기가 먼저 요구하고 표현할 때 뭐든 쉽게 구할 수 있는 법이다.

여기에 더해 표현을 잘 하기 위해 노력해야 하는 결정적인 이유가 하나 더 있다. 바로 당신의 소중한 사람에게 마음의 상처를 주는 잘못을 저지르지 않기 위해서다. "마음의 상처는 나쁜 말을 해야 받는 거 아니야? 말을 안 하는 게 왜 상처가 돼?"라고 생각할 수 있다. 그러나 나쁜 표현을 들었을 때 생기는 불쾌감도 상처지만 듣고 싶은 표현을 듣지 못하는 실망감도 상처가 될 수 있다.

한 아이가 아빠에게 생일 선물을 사드리기 위해 차곡차곡 용

돈을 모았다. 아이는 자기 마음을 듬뿍 담은 선물을 예쁘게 포장해 아빠에게 건넨다.

"선물을 보면 아빠가 엄청 좋아하겠지? 고맙다고 하면서 나를 안아줄 거야!"

아이는 선물 포장을 벗기는 아빠에게서 시선을 떼지 못한다. 초롱초롱하게 빛나는 눈과 미소를 머금은 입은 아이가 얼마나 설레는 마음으로 그 순간을 기대하고 있는지 말해준다. 그런데 이런 아이에게 아빠가 고맙다는 말은커녕 "네가 돈이 어디서 나서 이런 걸 샀어?"라거나 "이런 선물 말고 그냥 돈으로 주지." 같은 식으로 말한다면 어떨까? 아이는 부풀었던 기대감만큼 커다란 실망감을 안고 잠자리에 들 것이다. 선천적인 성격을 방패 삼아 표현을 하지 않으며 살아가는 사이, 내 곁의 소중한 사람이 나로부터 듣고 싶은 말을 듣지 못했다는 실망감과 아쉬움을 계속 느끼며 살아가고 있을 수 있다는 사실을 반드시 알아야 한다.

이런 감정을 드러내지 않고 혼자 삭혀도 문제지만, 이런 실망감과 아쉬움이 계속 쌓이고 커져 한 번에 터져 나올 때 더 큰 문제가 생긴다. 부부 갈등을 다루는 방송 프로그램들을 보면 갈등의 원인이 소통에 있는 경우가 많다. 그리고 그 문제가 되는 소통은 어떤 거창하게 아름다운 표현이 아니라 고마움을 표현하지 않았다거나 미안하다고 말하지 않았다는 등의 일상적이고 사소한 말 한마디인 경우가 대부분이다. 하지만 이 사소한 말 한마디가 누군가에게는 이혼을 결심할 만큼의 중대한 이유가 된다. "그걸 꼭 말로 해야 알아? 말 안 해도 당연히 알 줄 알았지." 같은 말로는 절대로 풀리지 않는 상처인 것이다.

그래서 이런 프로그램들을 보면 항상 이런 장면이 나온다. 상담 전문가의 지시에 따라 부부가 서로 마주 보고 앉아 대화를 나누는 모습이다. 그동안 하지 못했던 마음속 이야기들을 나누는 그 상황에서 한 사람의 눈물이 왈칵 터지는 결정적인 순간은 다름 아닌 배우자가 "우리 가족을 위해서 열심히 노력해줘서 고마워.", "그동안 많이 힘들었을 텐데 신경 못 써줘서 미안해."라는 말을 내뱉는 순간이다. 오랜 시간 동안 듣고 싶었지만 듣지 못했던 그 한마디를 드디어 듣는 그 순간, 상대 배우자의 눈물과 감정이 폭발하듯 동시에 터져 나온다. 표현을 별로 중요하게 생각하지 않는 사람들은 '고작 몇 마디 말 때문에 저렇게 된다고?'라고 생각할 수 있지만 그깟 말 한마디가 사람의 마음에 상처를 내기도 하고 그 상처를 아물게 하기도 한다. 우리 모두는 입에 독과 약을 함께 가지고 있는 셈이다. 둘 중에 어떤 것을 사용할지는 온전히 나의 선택에 달렸다.

당신은 지금 어느 쪽에 더 가까운가? 표현을 자주, 잘하고 있을 수도 있고 성격이라는 방패 뒤에 숨어 표현하지 않으며 살아가고 있을 수도 있다. 전자라면 멋진 태도에 칭찬을 보내며 앞으로도 계속 잘해주길 부탁하고 싶다. 하지만 혹시 자신의 모습이 후자에 더 가깝다면, 성격 탓에 표현이 어렵더라도 표현력을 높이기 위한 노력을 꼭 해보기를 권한다. 당신의 소중한 사람들에게 독이 아닌 약을 사용할 줄 아는 멋진 사람이 되었으면 좋겠다.

✳ ─────

성격은 부족한 표현에 대한 면죄부가 될 수 없다.
표현력을 키우는 노력을 통해 남을 배려하고
동시에 더 돋보이는 나를 만들자.

# 왜 마음과 다른 말을 해서
# 상처를 줄까

놀이터에서 초등학생인 남자아이가 친구들과 잘 놀고 있는 또래 여자아이에게 짓궂은 장난을 치고 있다. 괜히 지나가다가 어깨를 툭 치기도 하고 가지고 노는 장난감을 뺏기도 한다. 하지 말라는 말에 "내 맘인데~."라며 놀려댄다. 결국 참다 못한 여자아이가 울음을 터뜨리며 "너 진짜 나빠!"라고 소리친다. 그리고 이내 등을 돌려 저 멀리 가버린다. 그 순간 시종일관 장난스럽게 웃던 남자아이의 표정이 침울해진다. 재밌는 장난이 끝나서가 아니다. 사실 소년은 소녀를 좋아하고 있었던 것이다.

마음을 제대로 표현하는 법을 알지 못했던 학창시절에 한 번쯤 이런 경험을 해본 사람이 있을 것이다. 좋아하는 사람에게 좋아한다고 말하지 못하고 괜히 시비를 걸고 괴롭혔던 경험, 결국 그 사람은 내 곁에서 멀어지고 나와 달리 좋아하는 마음을 멋지게 고백한 다른 경쟁자의 차지가 되었던 그 쓰라린 경험 말이다.

사람은 누구나 자신이 직접 경험한 것을 믿는다. 내 눈으로 직접 본 것, 내 귀로 직접 들은 것만 사실로 여긴다. 그래서 나를 괴롭히는 사람은 나를 싫어한다고 여기고, 나에게 잘해주는 사람은 나를 좋아한다고 생각한다. 자신이 직접 얻은 정보는 무엇보다 직관적이고 믿음직스럽기 때문이다. 유명 가수의 감동적인 콘서트 영상을 아무리 많이 보더라도 내 눈으로 직접 보고 내 귀로 직접 듣는 것보다 더 즐거울 수 없듯이 아무리 좋은 간접 경험이라고 해도 직접 경험한 것보다는 좋을 수 없다. 뭐든지 간접보다는 직접이 더 와닿고 더 명확하다.

사람 사이의 관계 속에서 내가 쓰는 말도 그래야 한다. '말'은 보이지 않는 감정과 생각을 전달하는 가장 쉽고 가장 효과적인 도구이기 때문이다. 도구로서의 말은 직관적이고 직접적이며 나의 마음과 같아야 한다. 나의 상태를 있는 그대로 표현할 때 말이 가진 기능을 가장 알맞게 사용한다고 할 수 있다. 하지만 일상에서 우리는 마음과 정반대의 말을 쓰는 경우가 많다.

언젠가 놀이터에서 한 여자아이가 덤벙대며 놀다가 크게 넘어지는 장면을 목격한 적 있다. 그러자 어디선가 바람처럼 달려나온 아버지가 아이를 일으켜 세우며 잔소리를 했다. "어휴, 너는 왜 항상 이렇게 조심성이 없니? 칠칠맞게." 넘어진 아이에게 괜찮냐고 묻지도 않고 잔소리부터 하는 모습을 보니 아이가 덤벙대다 넘어진 게 한두 번이 아닌 모양이었다. "제발 조심 좀 해. 너그 덜렁거리는 성격 언제 고칠래?" 물론 넘어져서 다친 딸을 보는 아빠의 마음은 안타깝고 속상할 것이다. 빛의 속도로 달려나와 아이를 일으켜 세워주는 것만 봐도 아이를 얼마나 관심 있게 지켜봤는지 알 수 있었다. 통증이 오래 가지는 않을지, 흉터가 남지는 않을지 왜 걱정이 안 되겠는가. 이 모든 감정은 딸을 아끼고 위하는 마음이다. 그런데 그 좋은 마음과 달리 정작 딸의 귀에 들리는 것은 아빠의 나쁜 말이다. "조심 좀 하지. 왜 그렇게 조심성이 없냐?"라며 부주의를 비난하고, 부드러운 말투가 아닌 다그치는 말투로 "속상해서 그래. 속상해서!"라고 말한다. 마음과 정확히 반대되는 말을 하고 있는 것이다.

세상에 다치고 싶어서 다치는 사람은 없다. '조심 좀 하지'라는 말은 되돌릴 수 없는, 이미 일어난 일에 대한 뒤늦은 지적이다. 가뜩이나 원치 않게 다치는 바람에 아파하고 있는 사람에게 마음의 상처 하나를 더해줄 뿐이다. 걱정스러운 마음은 그 마음 그대로 걱정하는 말로 전하는 게 더 좋다. "아이고. 우리 딸. 많이 아프지. 괜찮아. 연고 바르고 밴드 붙이면 괜찮을 거야."처럼 말이다. 마찬가지로 "조심 좀 하지!"라는 다그침은 다친 직후에 해봐야 아무런 소용이 없다. 평상시에 주의를 기울이도록 당부하는 게 조심성을 기르는 데는 더 나은 방법이다.

친한 친구 사이에서도 이런 예를 찾아볼 수 있다. 오랜 시간 함께 해온 한 무리의 친구들이 정기적으로 여행을 다닌다. 친구들 중 한 명이 유독 꼼꼼하고 부지런해서 여행갈 때마다 다른 사람은 생각지도 못한 음식들과 물건들을 매번 챙겨온다. 물론 아무리 좋아서 하는 일이라고 해도 매번 신경 써서 물건들을 챙기는 게 쉽지 않다. 그래도 그는 친구들이 즐거워하는 모습을 보는 게 좋아서 한 번도 힘들다고 생각해본 적은 없다. 친구들 역시 그의 준비성과 배려를 향해 찬사를 아끼지 않는다. 그런데 유독 한 친구만 고맙다는 말은커녕 매번 싫은 소리만 한다.

"야. 뭐하러 이렇게까지 싸왔어. 왜 그렇게 사서 고생을 해. 이런 거 없어도 잘만 먹는데. 다음부터 하지 마!"

반복되는 부정적인 반응에 참다 못한 그가 한마디한다. "나는 그냥 너희들 먹고 쓰라고 챙겨온 건데 고맙다는 말은 못할망정 그런 식으로 말을 하냐. 서운하게." 그러자 친구가 놀라 대답한다. "아니…… 나는 그냥 미안해서 그런 거지. 나는 못 챙겨오는데 네가 맨날 고생하니까." 이 대화에서도 마음과 말이 전혀 다르다. 친구는 미안한 마음을 일종의 비난과 부정으로 표현한 것이다. 고마운 마음을 반대로 돌려 말하지 말고 "네 덕에 맨날 우리가 편하게 잘 놀고 온다. 항상 고마워! 너 다음 달 회비 깎아줄게!"라고 미안한 마음과 고마운 마음을 명확하게 전달해보면 어떨까. 마음과는 반대로 말하며 나의 본심을 알아주기를 바라는 것만큼 어리석은 기대도 없다.

이와 비슷한 맥락에서 때때로 '마음에도 없는 소리'는 상대방을 곤란하게 만들 수도 있다. 상대에게 원하는 바가 분명히 있음에도 마치 아무것도 바라지 않는 것처럼 말하는 경우다. 내 말을 곧이곧대로 들은 상대방은 자기가 들은 대로 행동하지만 결국 그 행동에 대해 억울하게 혼나게 된다. 이를테면 이런 식이다.

제왕절개 수술로 예쁜 아기를 낳은 아내와 그 아내를 옆에서 간호하는 남편이 있다. 아내는 수술 후 며칠 동안 거동이 힘들고 수시로 찾아오는 통증 때문에 밤에 잠을 잘 자지 못한다. 반면에 남편은 밤이 되면 피곤이 몰려와 잠이 쏟아진다. 하지만 아파하는 아내가 옆에 있어서 제대로 잠을 자지 못한다. 허벅지를 꼬집어 가며 잠을 참고 있는 남편에게 아내가 말한다.
"자기야. 나 괜찮으니까 그냥 자."
그 말에 남편은 반갑게 대답한다.

"진짜? 그럼 나 눈 좀 붙일게."

남편은 곧바로 깊은 잠에 빠진다. 다음 날 아침, 눈을 떠보니 아내가 남편을 째려보고 있다.

"코까지 골면서 아주 잘 자더라? 나는 아파서 한숨도 못 잤는데. 잠이 왔어?"

아내의 반응에 남편은 어리둥절하다.

"아니. 자기가 괜찮다고 해서 잔 건데……."

그러자 답답하다는 듯 아내가 앙칼지게 한마디를 던진다.

"자란다고 진짜 자냐?"


코미디 프로그램에 단골 소재로 쓰이는 이러한 대화는 과장된 모습으로 연출되기는 하지만 실제로 일상에서 매우 흔하게 일어난다. 하라고 해서, 해도 된다고 해서 했을 뿐인데 나중에 했다고 혼나는 모습이 우스꽝스럽기도 하지만 한편으로는 공감이 되기도 한다.

이렇게 억울하게 혼난 경험이 있는 사람은 처음부터 원하는 바를 솔직하게 말해주는 사람이 무척 고맙다. 바라는 바가 있으면 있는 그대로 말해주자. 아쉽고 서운하기는 해도 적어도 내가 말한 그대로의 행동에 대해서는 싫은 소리를 하지 말자. 함께 밤을 지새워주기를 바란다면 그렇게 말하자. 분명 원하는 것이 있는데 없다고 말하는 것도 엄밀히 말하면 거짓말이다. 물론 심각하고 나쁜 종류의 거짓말은 아니지만 상대방을 곤란하게 만드는 말임에는 틀림없으니 되도록 하지 않는 것이 관계에 좋다.

옛말에 '개떡같이 말해도 찰떡같이 알아듣는다'는 말이 있다. 그만큼 마음이 통하는 사이라는 의미와 함께 듣는 사람이 잘 알아들어야 한다는 의미를 가지는 말이다. 하지만 더 좋은 소통을 위해서는 듣는 사람의 센스에 말하는 사람의 센스도 더해져야 한다. 듣는 사람이 잘 들어주길 기대하기보다 말하는 사람이 애초에 정확하게 원하는 바를 이야기함으로써 누구나 알아들을 수 있도록 말해야 하지 않을까? 불확실한 기대가 아닌 확실한 이해가 동반된 말을 할 때 진정으로 상대를 배려하는 좋은 대화를 할 수 있다. 개떡은 개떡이라고, 찰떡은 찰떡이라고 말하는 멋진 사람이 되어보면 어떨까.

✳ ————

말하는 사람의 센스는 정확함과 솔직함에서 나온다.
그러니 마음과 다르게 돌려 말하지 말고
고맙다면 고맙다고, 걱정이 되면 걱정이 된다고,
원하는 것이 있다면 무엇을 해주길 원한다고
정확하게 말하자.

# 엎질러진 물에
# 토를 달지 마라

다음은 인기리에 방영됐던 시트콤 〈거침없이 하이킥〉에 나오는
한 장면이다.

주인공 가족의 장남이 창업을 했다. 사무실로 사용할 오피스
텔 문 옆에 회사의 간판을 내걸고 아버지와 어머니 그리고 아
내와 두 아들을 초대했다. '장&리 투자컨설팅'이라고 적힌 간
판을 보며 각자 한마디씩 한다. 아버지는 흐뭇한 표정을 지으
며 "장 앤드 리 투자컨설팅이라~."라고 회사 이름을 읽는다. 뒤
이어 아내가 "이름 멋진데!"라며 엄지를 치켜세운다. 곧바로

두 아들들도 "오~."라며 감탄사를 덧붙인다. 그때 잠자코 있던 어머니가 간판을 향해 삿대질을 하며 날카로운 말투로 불만족스러운 마음을 쏟아낸다. "아니, 간판을 눈에 확 띄게 크게 해야지. 이게 뭐냐? 요만하게." 그 말을 들은 아내가 곧바로 "크게 하면 촌스럽죠, 어머니."라고 받아친다.

아버지와 아내 그리고 두 아들은 밝은 표정으로 칭찬을 하고 있고, 가족 중 유일하게 어머니만 잔뜩 찌푸린 얼굴로 아들에게 비난의 말을 하고 있다. 중요한 사실은 이 시트콤에서 장남을 가장 사랑하는 사람이 바로 어머니라는 것이다.

지금 당장 자신의 모습을 돌아보자. 나는 과연 '아내'처럼 말하는 사람인가, '어머니'처럼 말하는 사람인가. 특별할 것 없는 평범한 이 가족의 짧은 대화에는 소통의 아주 중요한 기술 한 가지가 숨어 있다. 그것은 바로 대화하고 싶은 사람이 되느냐, 대화하기 싫은 사람이 되느냐를 결정짓는 대화의 방식이다.

우리 모두는 '함께 대화하고 싶은 사람'으로 살기를 원한다. 그 누구도 대화하기 싫은 사람이 되기를 원하지 않는다. 그래야 대화 상대가 많아지고 그래야 외롭지 않기 때문이다. 그렇다면 반드시 기억해야 할 대화의 기술은 '누군가의 결정적이지 않은 결정에 무조건 좋게 말해주는 것'이다.

앞선 가족의 대화를 살펴보면 우리가 어떤 대화 방식을 추구해야 하는지 알 수 있다. 가족의 구성원이 창업을 해서 간판을 달았다. 회사 이름과 간판 디자인을 '결정'한 것이다. 이 결정을 마주한 아내는 곧바로 "이름 멋진데!"라며 그 결정을 향해 '찬사'를 보낸다. 좋은 말이다. 하지만 같은 결정을 바라보는 어머니는 간판의 크기가 너무 작다며 왜 더 크게 하지 않았냐며 '비난'을 보낸다. 나쁜 말이다. 그런데 놀랍게도 이 시트콤에서 장남을 가장 아끼고 사랑하는 사람은 다름 아닌 어머니다. 사랑하는 그 마음이 오히려 '비난'으로 표현되는 안타까운 장면이다. 앞서 이야기 했던 것처럼 마음과 말이 반대로 표현되는 대표적인 경우다. 그 '비난'의 말에 아내는 곧바로 크게 하면 촌스럽다는 말로 남편의 결정을 다시 옹호해준다. 남편의 입장에서 과연 누구의 말이 더 반갑고 고마울지는 굳이 말하지 않아도 알 수 있다.

우리는 살면서 타인의 결정을 만나기도 하고 나의 결정을 타인에게 보여주기도 한다. 우리가 내리는 결정 중에는 인생을 뒤바꿀 만한 심각하고 중대한 결정도 있지만 삶에 큰 영향을 미치지 않는 사소하고 가벼운 결정도 있다. 후자가 여기에서 말하는 '결정적이지 않은 결정'이다. 여기에 더해 이미 확정되어서 바꿀 수 없는 결정도 결정적이지 않은 결정에 속한다.

또 다른 예를 살펴보자. 중년의 남자가 거실에서 TV를 보고 있는데, 외출했던 아들이 집에 들어오자마자 아버지한테 와서 들뜬 목소리로 말한다.

"아버지! 저 차 한 대 뽑았습니다! 지금 집 앞에 와 있어요!"

이건 또 무슨 소리인가. 몇 년 전에 취직해서 열심히 일하고 있는 줄은 알았지만 한마디 상의도 없이 차라니. 깜짝 놀라 창문을 열어 내려다보니 정말 못 보던 차가 한 대 서 있다. 그런데 차 색깔이 말 그대로 새빨갛다. 지긋하게 나이를 먹은, 모든 부분에 있어서 보수적인 남자의 마음에 들 리 없다. 어이없는 그 색깔을 본 순간 다짜고짜 아들에게 싫은 소리를 늘어놓는다.

"야. 저 빨간 차 맞아? 저게 뭐야. 너 나이가 몇인데 빨간색이냐? 저런 색은 중고로 팔 때 제값도 못 받아! 차는 흰색, 검은색, 회색 이 중에 하나로 사야지. 상의 좀 하고 사지 너는 왜 맨날 이렇게 사고를 치냐. 으이구."

이렇게 우리는 누군가의 결정을 마주했을 때 자신의 취향이나 신념과 다르다는 이유로 그 결정에 대해 부정적인 의견을 피력하거나, 시시비비를 따지며 분석하는 경우가 많다. 하지만 다짜고짜 부정적인 반응부터 보이지 말고 상황 파악을 해보자. 이미 집 앞에 차가 와 있다는 것은 반품이 안 되거나 쉽지 않은 상황임을 의미한다. 아들에게 다달이 내야 하는 할부금을 물어보니 20만 원이다. 아들의 월급은 500만 원이다. 이 정도면 금전적으로도 아무 문제가 없다. 그리고 마지막으로 아들은 그 빨간 차를 구입해서 무척 행복해하고 있다. 누군가의 '되돌릴 수 없으며 결정적이지 않은 결정'이다. 이미 되돌릴 수 없고 모든 면에서 큰 문제가 되지 않는 결정이라면 내 취향에 맞지 않고 마음에 들지 않더라도 무조건 좋게 말해줄 수 있지 않을까? "와! 아들! 색깔 진짜 멋지다! 그래. 네 나이에는 저런 색깔을 타줘야지! 아빠가 기름 가득 넣어줄 테니까 드라이브 어때?"라고 얘기한다면 아마도 그 아들은 어떤 결정을 할 때든 제일 먼저 아버지를 찾아올 것이다. 좋은 소리를 듣고 싶을 테니 말이다.

이번에는 딸의 방에 가보니 대학에 다니는 딸이 전신거울 앞에서 몸을 휙휙 돌려가며 혼자 패션쇼를 하고 있다. 치마를 새로 샀단다. 딸은 마음에 쏙 든다며 즐거워하지만 아빠는 영 마뜩잖다. 저 옷을 입고 밖에 나갔다가는 친구가 다 없어질 것 같다.

"딸. 치마가 그게 뭐야! 넌 어떻게 골라도 그런 걸 고르냐."

이때도 즉각적인 부정보다는 상황 파악을 먼저 해보자. 패션쇼를 하고 있는 딸 옆으로 찢어진 태그가 보인다. 옷의 태그가 떨어져 있으니 반품은 불가하다. 딸에게 치마 가격을 물어보니 2만 원이란다. 딸은 옷이 너무 마음에 든다며 행복한 얼굴을 하고 있다. 역시 '되돌릴 수 없는 결정적이지 않은 결정'이다. 그렇다면 딸의 행복을 더 키워주는 편이 낫다. "와! 너무 예쁘다. 치마가 우리 예쁜 딸 덕을 보는구만. 아빠가 그 치마랑 어울리는 니트 하나 사줄까? 하나 골라서 아빠한테 결제 링크 보내줘! 3만 원 밑으로!"이렇게 말하는 아빠라면 그 딸도 어떤 결정을 하고 나서 곧바로 아빠를 찾을 것이다.

회사에서도 이와 비슷한 일이 일어날 수 있다. 한 남자가 회사에 출근하니 같은 부서에서 일하는 부하 직원이 싱글벙글 웃으며 다가온다.

"팀장님. 저 스마트폰 새로 바꿨습니다. 멋지죠?"

그런데 사실 남자는 IT 업계에서 잔뼈가 굵은 전문가다. 부하 직원의 새 스마트폰을 보자마자 기술적 분석에 들어간다.

"아. 이걸로 바꿨구나. 이거 결함 이슈가 좀 있는 건데. 잘 알아보고 사지 그랬어. 그리고 이 색상은 나중에 잘 벗겨지는데. 조심해서 써야겠다."

이때도 상황 파악이 필요하다. 부하 직원은 새 스마트폰에 대한 분석을 의뢰한 것이 아니라 일상의 소소한 즐거움을 가볍게 공유했을 뿐이다. 그렇다면 "오! 멋지다. 이거 요즘 진짜 좋다던데. 색상도 너무 예쁜데? 부럽다!"라는 말로 소소한 즐거움을 조금 더 크게 만들어줄 수도 있다. 이미 돌이킬 수 없는 스마트폰의 단점을 분석해봤자 달라지는 건 아무것도 없다.

이렇듯 좋은 반응을 보이는 대화 습관은 좋은 인간관계를 만드는 데 있어 매우 중요하다. 하지만 모든 상황에서 그래야 하는 것은 아니다. 이런 대화 방식은 말 그대로 '결정적이지 않은 결정'일 때만 사용해야 한다. 당연히 누군가의 삶에 큰 영향을 줄 수 있는 심각하고 결정적인 결정에 대해서는 현실적인 분석이나 반대의 의견을 신중하게 전달할 필요가 있다. 형편에 맞지 않게 무리한 빚을 내서 차를 사고 수백만 원 짜리 치마를 사는 자식에게는 따끔한 조언을 해주는 것이 맞다. 누군가가 중요한 결정을 내리기 전에 찾아와 나의 의견을 묻는다면 자신의 생각을 솔직하게 말해주어야 한다. 이렇듯 냉철한 분석과 현실적인 비판이 필요한 순간이 있고, 무조건적인 칭찬이 필요한 순간이 있다. 각각의 상황을 잘 판단하고 그에 맞게 적절히 반응하는 것이 현명한 대화의 기술이다.

자신에게 부정적인 말을 하는 사람 곁에 가고 싶어 하는 사람은 없다. "왜 그걸 샀어? 다른 거 사지", "왜 그렇게 했어? 이렇게 하지."라며 매사에 자신의 행동을 지적하는 사람과는 자신의 삶 그 어떤 것도 공유하고 싶지 않다. 반대로 "정말 예쁘다. 잘 샀어.", "진짜 잘했어!"라고 매번 말해주는 사람은 자신의 선택이 틀리지 않았다는 확신과 안도감을 주는 고마운 사람이 된다. 내 주변 사람들에게 내가 어떤 감정을 전달하는 사람이 되어야 하는지는 굳이 말하지 않아도 알 것이다.

이 세상 그 누구도 대화하기 싫은 사람이 되기를 원하지 않는다. 그런데도 나쁜 반응을 보이는 사람들이 그렇게 많은 이유는 자기도 모르게 습관처럼 말하기 때문이다. 의도가 아닌 실수라는 얘기다. 실수는 실수로 인지했을 때 충분히 고칠 수 있다. 지금 당장 누군가의 결정적이지 않은 결정에 나는 그동안 어떤 반응을 보여왔는지 되돌아봐야 할 것이다.

✳ ————
'되돌릴 수 없는 결정적이지 않은 결정'이라면
싫은 소리를 하기보다
상대가 듣고 싶어 하는 말을 해주자.
좋은 반응을 보이는 대화 습관은
좋은 인간관계를 만드는 핵심이다.

# 문제는 세대 차이가 아니라
# 내가 하고 싶은 말만 하는 것

말을 할 줄 안다고 해서 누구나 대화를 할 줄 아는 건 아니다. 누군가에게는 대화가 세상에서 제일 쉽고 즐거운 일이지만 또 누군가에게는 세상에서 제일 어렵고 불편한 일이기도 하다. 대화에 아예 흥미가 없다면 모르겠지만 대화를 하고 싶은 마음이 굴뚝같은데도 대화가 잘 되지 않아 괴로운 사람들이 있다.

특히 이런 대화의 어려움은 아이들과 대화하고 싶은 부모, 손자 손녀와 대화하고 싶은 할머니, 할아버지처럼 나이 차이가 많은 관계에서 두드러진다. 만약 당신이 누군가와 대화하기 어렵다고 느낀다면 대화에 응하지 않는 상대를 탓하기 전에 나는 과연 어떻게 대화를 하고 있는지 먼저 생각해볼 필요가 있다.

　대화를 잘하고 싶다면 가장 먼저 대화를 왜 하는지를 이해해야 한다. 대화는 정보를 주고받는다는 실용적인 목적뿐만 아니라 재미와 즐거움이라는 유희적인 목적도 가진다. 진지한 태도로 심오한 이야기를 나눌 수도 있고 편안하게 가벼운 이야기를 나눌 수도 있다. 소위 말하는 영양가 없는 대화일지라도 우리는 그런 시시콜콜한 대화를 나누며 휴식을 취하고 일상의 즐거움을 느끼며 인간관계를 형성하고 유지한다. 그런 이유로 이런 가벼운 일상의 대화가 부모 자식, 부부, 연인, 친구 사이에서 훨씬 중요하다. 대화를 잘하고 싶다면 바로 대화가 가진 이 '유희적 목적'을 이해해야 한다.

　결국 원활한 대화를 하기 위한 핵심은 흥미와 재미다. 그 누구도 자신이 알고 싶지 않고, 재미도 없는 이야기를 듣고 싶어 하지 않는다. 한 사람만 재밌고 흥미로운 이야기가 아니라 대화에 참여한 모두가 그렇게 느끼는 이야기를 해야 한다. 그래야 함께 대화하고 싶은 사람이 될 수 있다. 부모가 사춘기 자식들과 시시콜콜한 대화를 나누고 싶어도 그러기 힘든 이유는 부모가 자기 기준에서만 재미있는 일방통행과도 같은 이야기를 늘어놓기 때문이다.

　대화 참여자 모두가 재미와 흥미를 느끼는 대화를 하기 위해서는 첫째, 가능하면 옛날 얘기를 하지 말아야 한다. 요즘 아이들이 공중전화가 있던 시절의 이야기를 재미있어 할까? 비디오를 빌려보고 영화 한 편을 다운받으려면 하루 종일이 걸렸던 시절의 이야기, 옛 추억으로 사라진 그 시절 아이돌에 대한 이야기를 과연 재미있어 할까? 10대의 자녀들에게 부모가 다음과 같은 이야기를 한다고 생각해보자.

"딸! 뭐 보고 있어? 이 가수 누구야? 너무 요란하기만 하다. 가사도 하나도 안 들리고. 이게 노래야? 엄마가 네 나이였을 때는 김완선이 최고였는데. 어땠냐면 말이야……."

"아들! 축구 봐? 요즘 축구는 뭔가 축구가 아닌 거 같아. 보는 재미가 없어. 아빠 때 축구는 어땠냐면……."

"얘들아. 아빠는 어렸을 때 단칸방에서 여섯 식구가 함께 살았어. 화장실도 밖에 있었다니까. 너네는 지금 복 받은 줄 알아."

이런 말들이 어린 자녀들에게 흥미가 있을 리 없다. 상상조차 할 수 없는 먼 과거의 얘기만으로도 이미 지루한데 심지어 지금 자신이 좋아하는 것, 자신이 속해 있는 상황에 대해 부정적으로 말하면 지루함을 넘어 기분까지 나빠진다.

권위적인 사람을 비꼬는 멸칭인 '꼰대'와 항상 붙어다니는 '라떼는'이라는 문구가 '나 때는 말이야'에서 나왔다는 사실을 누구나 알 것이다. 알지도 못하고 관심도 없는 이야기를, 심지어 묻지도 않았는데도 자기 마음대로 늘어놓는 기성세대를 풍자한 이 표현은 옛날 이야기가 대화에 미치는 악영향을 명확하게 보여준다. 너무 먼 과거의 이야기는 누군가에게는 흥미롭지 않을 수 있으니 반드시 현재, 혹은 아이들도 기억할 정도로 가까운 과거의 이야기를 하도록 하자. 아이들이 먼저 "엄마랑 아빠 어릴 때는 어땠어요?"라고 물어오기 전까지는 말이다.

재미와 흥미를 느끼는 대화를 하기 위한 두 번째 방법은 나만 아는 이야기 말고 함께 아는 이야기를 주제로 삼는 것이다. 과거는 물론이고 현재의 일들 중에서도 함께 알고 있는 이야기를 해야 모두를 대화에 참여시킬 수 있다. 함께 갔던 여행, 함께 봤던 영화, 함께 먹었던 음식 등 함께했던 모든 경험들에 대한 이야기는 이미 공감대가 형성되어 있으니, 모두가 적극적으로 말을 할 수 있는 좋은 주제들이다.

"아들. 우리 여름 휴가 갔을 때 뭐가 제일 재밌었어? 아빠는 수영장에서 우리 가족 다 같이 수영했던 게 제일 좋았거든."

"딸. 엄마가 참관 수업 갔을 때 처음으로 학교 들어가 봤잖아. 너희 학교 엄청 크더라. 근데 급식실은 몇 층에 있어? 엘리베이터 없던데 교실로 올라가기 안 힘들어?"

이처럼 공통의 주제로부터 대화를 시작해서 차츰차츰 영역을 넓혀가며 대화를 이어나가는 것이 좋다.

세 번째 방법은 대화 전체에서 내가 말하는 양보다 듣는 양이 더 많아야 한다는 것이다. 살다 보면 가슴을 답답하게 만드는 고민거리가 생기기 마련이고 그럴 때는 누구라도 만나 고민을 털어놔야 답답함이 해소된다. 그렇다면 사람들은 누구에게 고민을 털어놓을까?

당신이 가장 친하다고 생각하는 친구가 있다고 해보자. 그런데 절친이라고 생각했던 친구가 자신의 고민을 내가 아닌 다른 친구를 불러내어 쏟아냈다는 소식을 들었다.

'도대체 그 친구는 왜 나에게 연락을 하지 않았을까? 이제 나를 더 이상 절친으로 생각하지 않는 건가? 내가 뭔가 서운하게 했나?'

여러 가지 생각에 머릿속이 복잡해지고 서운함마저 느낄 것이다. 이런 상황이라면 자신의 대화 방식을 조금 돌아볼 필요가 있다. 고민을 털어내 답답함을 풀고 싶어 하는 친구에게 "너 진짜 고민되겠다. 그런데 나도 그럴 때가 있었거든? 그때 내가 어땠냐면……." 하고 내 이야기를 늘어놓는 식으로 긴 시간 조언을 건네지 않았는지 말이다. 위로와 조언이라는 명목으로 오히려 자기 고민을 친구에게 짊어지게 하진 않았는지 생각해봐야 한다. 정작 말을 하려던 사람은 하고 싶었던 말을 하지 못하고 들어줘야 할 사람이 말을 하는 주객이 전도된 상황이 벌어진다. 당연히 이 경험을 한 사람은 고민을 털어놓고 싶은 순간에 그 말 많은 친구 대신 자기 말을 잘 들어주는 다른 친구를 찾을 것이다.

특히 대화 상대가 어리면 어릴수록 많이 들어줘야 한다. 누군가의 말을 가만히 듣는다는 것은 인내심을 필요로 하는 일이기 때문이다. 상대적으로 인내심이 부족한 어린아이일수록 남의 말 듣는 걸 어려워한다. "얘들아! 엄마랑 대화 좀 할까?"라며 아이들을 앞에 앉혀놓고는 부모 자신의 이야기만 늘어놓는다면 아이들이 과연 부모님과의 대화를 반가워할까? 오히려 대화하자는 그 소리 자체를 피하게 될 게 분명하다. 그래서 질문을 잘하는 사람이 되어야 한다. "아들. 뭐해? 오늘 친구들이랑 뭐하고 놀았어?", "딸. 뭐 보고 있어? 이 친구들이 요즘 우리 딸이 좋아하는 아이돌? 이름이 뭐야? 어떤 노래 제일 좋아해? 아빠도 한번 들어볼 수 있을까?"라고 먼저 묻는 것이다. 대화를 잘하는 사람들, 함께 이야기 나눌 때 즐거운 사람들의 공통점이 바로 질문을 잘한다는 것이다. 이들은 상대가 말을 잘할 수 있도록 자연스럽게 이끌어주고 그만큼 상대의 말을 잘 들어준다.

"다른 집 아이들은 아빠하고 수다도 잘 떨고 그런다는데 우리 집 애들은 왜 이렇게 무뚝뚝하고 재미가 없는 거지?", "엄마에게는 이 얘기 저 얘기 다 하면서 아빠인 나에게는 왜 그렇게 안 하지?", "내가 이렇게나 노력하고 있는데 우리 집 애들은 왜 이런 노력을 몰라주지?" 같은 생각이 든다면 그동안 정말 아이가 원하는 대화를 하고 있었는지 돌아보자.

무턱대고 부딪친다고 매끄러운 대화를 할 수 있는 것은 아니다. 아예 대화를 시도하지 않는 것보다는 낫겠지만, 계속해서 잘못된 방식으로 대화를 하려 하면 절대 화목하고 즐겁게 대화할 수 없다. 핵심은 대화를 시작할 때 먼저 상대의 마음을 헤아려주기 위해 노력해야 한다는 것이다. 대화를 잘하는 사람의 의미를 알면 함께 대화하고 싶은 사람이 되고, 함께 대화하고 싶은 사람이 되면 좋은 사람들과 어울려 즐겁게 살아갈 수 있는 법이다.

✳ ————

원활한 대화를 위해 중요한 건 흥미와 재미다.
상대방이 관심 없는 옛날 이야기는 지양하고,
공감대를 형성할 수 있는 이야기를 하며,
많이 말하기보다 많이 들어야 한다.

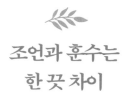

# 조언과 훈수는
# 한 끗 차이

자칭 운동 마니아인 F씨는 요즘 사람들이 운동하는 걸 보면 참
답답하다. 헬스장에서든 수영장에서든 기본을 모르고 운동하
는 사람들이 어찌나 많은지! 모름지기 운동은 올바른 자세와
정확한 동작으로 해야 건강에도 도움이 되고 실력도 느는 법
인데 그것도 모르고 요즘 사람들은 그저 복장과 장비에만 온
신경을 쏟는 듯하다. 그렇게 잘못된 방식으로 운동을 하면 부
상당하기 십상이라 경험자로서 그런 사람들을 보면 좋은 마음
으로 도와주려고 한다.

오늘도 헬스장에서 열심히 운동을 하고 있는데 기구에서 스쿼

트를 하고 있는 한 남자가 눈에 들어온다. 그런데 그 자세가 위태롭고 위험하다. 저렇게 하면 무릎 다치는데. 걱정스러운 마음에 다가가서 조언을 해준다.

"저기요. 그렇게 하시면 무릎 다쳐요. 따로 PT 받은 적 없으시죠? 자세를 그렇게 하지 말고 이렇게 한번 해보시겠어요?"

"아. 네……."

상대는 멋쩍어했지만 직접 올바른 동작을 보여줬더니 곧잘 따라 한다. 뿌듯한 순간이다.

헬스를 끝내고 다음은 수영이다. 수영장으로 이동해서 자유수영을 즐기고 있는데 반대편에서 잘못된 자세로 자유형을 하는 사람이 보인다. 호흡도 잘 못하고 팔꺾기도 안 된다.

"저기. 혹시 호흡법 아직 안 배우셨어요? 제가 쉽게 하는 방법 가르쳐드릴게요. 한번 해보시겠어요?"

"네? 아뇨. 전 괜찮은데……."

"계속 그렇게 하시면 실력 안 늘어요. 호흡법하고 팔꺾기까지 꿀팁 알려드릴게요!"

F씨는 또다시 열심히 설명을 시작한다. 두 명의 초보자에게 도움을 준 오늘 같은 날에는 운동을 열심히 한 보람을 느낀다!


**누구나 한 번쯤은 위와 같은 경험을 해봤을 것이다. 내가 조언을**

주는 쪽이든 받는 쪽이든 말이다. 내가 조언을 받는 쪽이었을 때 당신은 어떤 기분이 들었는가?

조언: 말로 거들거나 깨우쳐 주어서 도움

훈수: 남의 일에 끼어들어 이래라저래라 하는 말

조언과 훈수는 둘 다 남의 일이나 사정에 대해 말하는 것을 의미하지만 일상에서 보통 조언은 좋은 것이며 훈수는 나쁜 것으로 구분된다. 그렇다면 긍정적인 의미의 '조언'과 부정적인 의미의 '훈수'는 어떻게 결정될까? 어떻게 해야 훈수를 두는 불쾌한 사람이 아니라 조언을 해주는 고마운 사람이 될 수 있을까? 둘을 구분하는 법이 딱 잘라 정해져 있지는 않지만 '상대의 요청'을 기준으로 하는 것이 가장 무난하다. 다시 말해 상대가 나에게 도움을 요청했다면 조언이 되고 도움을 요청하지 않았다면 훈수 혹은 훈수질이 된다고 생각해야 한다.

한창 골프에 재미가 붙기 시작한 초보 골퍼가 골프 연습장에서 아이언 클럽을 잡고 레슨 시간에 코치에게 배운 내용을 떠올리며 열심히 공을 치고 있다고 생각해보자. 그런데 갑자기 뒤에서 낯선 사람이 다가와 한마디 한다.

"백스윙이 너무 짧네. 그리고 몸의 무게중심을 이동해야 하는

데 팔만 쓰니까 멀리 안 나가는 거예요."

코치인가 싶지만 다시 보니 그냥 같은 회원이다. "아, 네⋯⋯." 하고 넘기려는데 직접 시범까지 보여주며 가르침을 이어간다. '아. 알겠으니까 그만 좀 하세요'라고 말하고 싶지만 속으로만 삼킨다. 잘하고 못하고를 떠나 기분이 나빠지는 순간이다. 이처럼 골프장, 헬스장, 수영장, 볼링장, 테니스장, 탁구장, 세차장 등등 숙련자와 초보자가 한 공간에 있는 상황에서는 언제나 원치 않는 '훈수질'이 존재한다.

사람은 내가 공식적으로 비용을 지불하고 레슨을 받는 전문가에게는 나의 단점과 치부를 드러내는 것을 당연하게 생각하지만 아무 상관도 없는 모르는 사람에게 나의 부족한 실력을 지적받는 것은 부끄럽고 민망하게 여긴다. 전자는 내가 원한 것이지만 후자는 내가 원하지 않은 것이기 때문이다. 열심히 운동을 하다가도 원치 않는 훈수를 들으면 그 순간 마음이 불편해지고 만다. 훈수를 둔 사람이 다른 곳으로 떠나 버리면 그나마 괜찮지만 훈수를 두고 주변에 머무르기라도 하면 불편함은 계속되고 결국 계획보다 일찍 운동을 마무리하고 자리를 뜨기도 한다. 상대가 원치 않는 훈수질을 절대 하지 말아야 하는 이유다. 분명히 나는 돕고 싶은 마음으로 했지만 돕기는커녕 상대의 운동을 방해하는 결과를 낳을 수 있다.

일방적인 훈수는 가까운 사이에서도 자주 일어난다. 오래 알고 지낸 지인이 식당을 오픈해 초대를 받아 간 적이 있다. 정식으로 영업을 시작하기 전에 가족과 친구들, 주변 지인들을 먼저 초대해 대접도 할 겸 일종의 시범 운영을 해보는 자리였다. 나는 지인이 그동안 얼마나 열심히 이 식당을 준비했는지 잘 알았기에 그저 대접해준 음식을 맛있게 먹고 정말 멋진 가게이니 잘될 거라는 칭찬과 응원의 말을 건네주었다. 거기에 모인 대부분의 사람이 나처럼 그런 응원의 말을 건넸지만 개중에는 이래라저래라 훈수를 두는 사람들도 몇몇 보였다. 음식은 맛있는데 플레이팅이 좀 약하다는 둥, SNS에서 유행 타려면 독특한 감성이 있어야 하는데 그런 게 없다는 둥, 인테리어는 왜 이렇게 휑한 걸로 했냐는 둥, 옆에서 듣는 사람이 민망할 정도로 지적을 이어갔다. 너무 전문적으로 이야기하기에 혹시 요식업을 오랫동안 하셨던 분인가 싶어 물었더니 그런 것도 아니라고 했다. 식당을 오픈한 지인은 가볍게 의견 한두 개 정도만 듣고 싶었을 텐데, 하는 생각이 들어 내가 다 씁쓸해졌다.

나의 말이 누군가에게 도움이 되는지 안 되는지는 도움을 주는 쪽이 아닌 받는 쪽이 결정하는 것이다. 그래서 "내가 도와주겠다는데 너는 왜 내 도움을 안 받아?"라는 생각은 이기적이다. 남을 돕는 것은 분명 좋은 일이지만 무조건적으로 좋은 일이 되지는 않는다. 좋은 마음으로 몸이 불편한 사람을 도와줘야겠다는 생각이 들었어도 다짜고짜 다가가 부축을 하거나 휠체어를 밀어 주기보다는 "괜찮으시면 조금 도와드릴까요?"라고 의사를 먼저 묻는 게 더 좋은 매너다. 상대방이 도움을 받을지 말지를 선택할 수 있도록 하는 것이 더 멋진 배려가 된다는 점을 기억하자.

원치 않는 훈수질은 상대를 위해서 뿐만 아니라 나 자신을 위해서도 조심해야 할 필요가 있다. 내가 아무리 좋은 마음으로 조언을 했다 해도 상대방은 나를 그냥 훈수질하는 사람으로 생각할 수 있기 때문이다. 누군가에게 조언을 한다는 말은 일반적으로 내가 상대보다 더 많이 알거나 더 잘한다는 점을 전제로 한다. 그러다 보니 조언을 하면서 나도 모르게 우월감을 느끼게 된다. 우월감은 쾌감의 일종이기 때문에 이 감정을 느끼는 것 자체는 사람으로서 기분 좋은 일이지만 그것이 상대방을 대상으로 행해지면 무분별한 조언의 유혹에 빠지기 쉽다. 특히 타인의 관심을 받거나 타인에게 영향력을 행사하고 싶은 마음이 큰 사람들, 인정 욕구가 큰 사람들이 이러한 유혹에 빠져 조언을 넘어 훈수질을 하게 될 가능성이 크다. 경우에 따라서는 누군가를 돕고 싶다는 자신의 의도와 별개로 타인에게 이런 부정적인 이미지를 가진 사람으로 비춰질 수 있다는 점을 꼭 기억해야 한다.

'훈수'는 본래 바둑이나 장기에서 구경하는 사람이 끼어들어수를 가르쳐주는 행위에서 생겨난 말이다. 드라마나 영화에서 바둑이나 장기를 두는 무리가 나올 때마다 자주 나오는 장면이 훈수를 두는 모습이다. 구경꾼 중에 한 사람이 끼어들어 훈수를 두면 훈수를 받은 사람은 "아하! 이런 수가 있었구만!" 하면서 좋아하지만 반대쪽 사람은 "아니. 거 왜 끼어들어서 훈수를 두슈!"라며 화를 낸다. 심한 경우 판이 엎어지고 멱살잡이로 이어지기도 한다. 훈수를 두는 게 이렇게나 위험하다. 누군가를 도울 수도 있지만 누군가를 곤경에 빠뜨릴 수도 있다. 그리고 그 훈수꾼은 다시는 그 판에 초대받지 못한다. 내가 무심코 한 훈수질 때문에 어디서든 환영받지 못하는 사람이 될 수도 있다면 당장 훈수를 멈춰야 하지 않을까. 상대가 조언을 요청하기 전까지는 말이다.

＊———————

나의 말이 누군가에게 도움이 될지는
도움을 주는 쪽이 아닌 받는 쪽이 결정한다.
도움이 필요한지 먼저 물어본다면
훈수를 두는 불쾌한 사람이 아닌
조언을 해주는 고마운 사람이 될 수 있다.

# 굳이 나쁜 점을
## 들춰낼 필요는 없다

말이 가지는 강력한 힘을 부정하는 사람은 없을 것이다. 우리는 말 한마디로 누군가를 힘내게 할 수도 있고 자신감을 잃은 채 좌절하게 만들 수도 있다. 사랑하는 마음을 전달할 수도 있고 증오의 마음을 전달할 수도 있다. 그리고 때로 우리의 말은 누군가를 살리기도 하고 누군가를 죽이기도 한다. 이처럼 말은 사람의 감정을 좋은 쪽으로든 나쁜 쪽으로든 좌지우지할 수 있는 엄청난 힘을 가졌다.

그런데 이런 말의 힘을 유독 나쁜 쪽으로만 사용하는 사람들이 있다. 매사를 부정적으로 바라보는 사람들, 장점이 아닌 단점에 초점을 맞추는 사람들이다. 이런 사람들은 자신이 얼마나 분위기를 망치고 있는지 알지 못하는 경우가 많다. 그저 늘 하던 대로, 습관대로 말했을 뿐이기 때문이다. 이런 부정적인 대화는 그 자체로도 별로 좋지 않지만 특히 누군가의 배려를 받는 순간에는 더욱더 해서는 안 되는 말이다.

아버지 생신을 맞이해 온 가족이 모여 외식을 나왔다. 예산은 정해져 있고 비슷비슷한 음식에 비슷비슷한 식당일 수밖에 없지만, 그래도 사랑하는 부모님께 최대한 좋은 음식을 대접해 드리고 좋은 곳에 모시고 가고 싶어 항상 신중하게 식당을 고른다. 나름 고민에 고민을, 검색에 검색을 더해 괜찮은 뷔페를 예약해서 즐거운 마음으로 왔건만 아버지는 자리에 앉자마자 또 한마디 하신다. "뭐 이렇게 멀리 오냐. 집 근처에도 맛있는 곳 많은데.", "여기는 무슨 애들까지 돈을 받아? 애들이 먹으면 얼마나 먹는다고.", "자리가 너무 멀다. 음식 가지고 오기 힘들게. 좀 가까운 데로 주지."

한때는 아버지의 이런 말들을 들을 때마다, 기껏 신경 써서 준비한 것에 굳이 그런 말을 덧붙여야 하나 싶어 일일이 날 선 대꾸를 했던 나였다. 그런데 이제는 그러려니 하고 넘기는 경지에 다다랐다. 부정적인 아버지의 말에 기분이 상하긴 하지만 어차피 바뀌지 않으실 테니 말이다. 게다가 말은 그렇게 하시지만 맛있게 드시는 것 같아서 흐뭇하기는 하다. 그런 말만 안 하시면 더할 나위 없이 완벽한 가족 외식일 텐데.

외식을 끝내고 화기애애하게 수다를 떨며 집으로 돌아오는 차 안에서 창밖을 보시던 아버지는 그 와중에 또 한마디 하신다. "아파트 천지네 그냥. 저런 데 살면 뭐가 좋아? 삭막하기만 하지. 저런 걸 수십 억에 파는 게 말이 돼? 세상이 어떻게 되려고……" 욱하는 마음을 누르고 얼른 라디오를 켰다. 라디오에서 나오는 경쾌한 음악 소리로 아버지의 그 부정적인 말들을 덮어버리고 싶었다.


부모님의 생신이나 기념일을 맞아 온 가족이 모이는 식사 자리에서 한 번쯤 이런 일들을 경험한다. 자식들이 예약해둔 식당에 들어가는 순간부터 그 자리의 주인공인 부모님의 불평이 들려온다. 거리가 너무 머네, 가게 인테리어가 별로네, 메뉴가 좀 아쉽네, 주차가 너무 불편하네, 이런 건 집에서도 할 수 있는데 돈이 너무 아깝네, 음식 양이 너무 적네 등 냉철한 분석들을 늘어놓는다. 자식이 힘들게 번 돈을 괜한 곳에 쓴다는 데 대한 미안한 마음을 그런 식으로 반대로 표현하는 경우도 있지만 진짜 마음이 무엇이든 그렇게 부정적으로 말하는 태도는 좋지 않다. 그 자리를 준비한 사람이 열심히 검색해서 여러모로 괜찮아 보이는 식당을 예약한 것인데 그런 부정적인 말들로 인해 잘못된 선택을 한 꼴이 되어버리기 때문이다. 그리고 부모님께 맛있는 음식을 대접하고 싶어 공들인 자신의 노력을 몰라주는가 싶어 서운해진다. 생일 선물을 받을 때도 마찬가지다. 정성을 들여 준비한 선물을 받아들고 말한다. "아유 뭘 이런 걸 다. 너무 고맙다. 잘 쓸게." 거기서 멈추면 참 좋을 텐데 몇 마디를 더 붙인다. "근데 이거 중국산이네? 조금 튼튼하게 만들지. 요즘 우리나라도 이런 거 잘 만들어. 다른 색깔은 없었어? 좀 튀지 않나?" 등등, 상대방 입장에서는 선물을 하고도 욕을 먹었다는 생각이 드는 말이다.

남을 배려하고 호의를 베푸는 것도 좋은 태도지만 다른 사람의 배려와 호의를 감사히 잘 받는 것도 좋은 태도다. 그래서 잘 주는 것만큼 잘 받을 줄도 알아야 한다. 세상일이 다 그렇듯 완벽한 것은 없다. 아무리 신경 써서 준비하더라도 부족한 점은 있기 마련이고 받는 사람의 취향에 꼭 들어맞지 않을 수도 있다. 그렇다 하더라도 온전히 감사하는 마음과 태도와 말들로 '잘 받는 사람'이 되어야 한다. 이런 사람들이 열심히 준비한 '보람'을 느끼게 하는 사람이고 선물할 '맛'이 나는 사람이다.

"여기 너무 좋다. 우리 아들, 딸 덕분에 이런 데도 와보고 호강하네. 고마워!"

"여기 음식 진짜 맛있다. 오늘 과식했어."

"와! 이거 나 갖고 싶었던 건데 너무 고마워. 정말 예쁘다."

주차가 불편하든, 거리가 멀든, 선물이 나의 취향과 조금 벗어나든 기쁘게 받는 태도가 그것을 준비한 상대를 행복하게 만든다. '내가 준비한 선물을 받고 얼마나 좋아할까'라는 기대를 충족시키고, '혹시나 마음에 안 들면 어쩌지'라는 염려를 해소시켜주기 때문이다.

배려나 호의와 관계없는 일상적인 상황에서도 마찬가지다. 같은 풍경을 보더라도 거기서 좋은 점에 초점을 맞추는 사람이 있는가 하면 굳이 나쁜 점을 끄집어내 보는 사람도 있다. 외국의 멋진 휴양지로 여행을 가서 환상적인 날씨를 마주한다. 파란 하늘과 푸른 바다가 한눈에 들어오는 멋진 풍경이다. 긍정적인 사람은 그 멋진 풍경을 온전히 즐긴다. "와. 비현실적이야. 꼭 그림 속에 있는 것 같아. 너무 좋다. 인생 날씨야. 진짜 행복해!" 그러나 부정적인 사람은 굳이 부정적인 말들을 찾아 붙인다. "그러네. 날씨 너무 좋다. 우리나라도 이래야 되는데. 한국은 미세먼지에, 황사에 너무 싫어. 여기 사람들은 맨날 이런 거 보고 사는데 우리나라는 왜 이러는 거야?" 유럽의 어느 아름다운 호수를 바라보며 어떤 사람은 "와! 말이 안 나온다. 진짜 장관이다."라고 하고 어떤 사람은 "경치 좋다. 근데 석촌호수보다 좀 작네. 길도 울퉁불퉁하고. 예쁘기로는 석촌호수가 더 나은데?"라고 말한다. 당신은 어떤 사람과 여행을 가고 싶은가? 말할 것도 없이 긍정적인 마음으로 긍정적인 말을 하는 사람일 것이다.

누군가의 선행을 보도하는 뉴스 영상의 댓글들을 보면 이런 태도의 차이를 확연히 느낄 수 있다. 대부분의 댓글은 선행을 한 사람을 칭찬하고 응원하는 내용이다. 그런데 스크롤을 맨 아래까지 내려보면 그 선행의 의도를 의심하고 비난하는 댓글들이 존재한다. "좋은 일 하려는 게 아니라 자기 세액공제 받아서 절세하려고 저러는 거야.", "착한 척하고 있네.", "저럴 시간에 자기 가족들이나 챙기지." 같은 댓글들이다. 절세의 목적인지, 착한 척하려는 의도인지, 가족들에게 잘하는지 못하는지 등의 사실관계도 알지 못하면서 그저 추측으로 누군가의 선행을 폄하한다. 좋은 것을 보고도 나쁘게 받아들이는 전형적인 모습이다.

유튜브 댓글들의 순서가 어떤 알고리즘으로 결정되는지 정확히 알 수 없지만 사람들로부터 비추천을 많이 받은 댓글들이 주로 아래쪽에 위치한다는 걸 정황상 짐작할 수 있다. 댓글창의 맨 아래에 그런 나쁜 댓글들이 모여 있기 때문이다. 만약 당신이 즐겁고 밝은 인생을 살길 원한다면 댓글창의 위쪽에 있는 긍정적인 댓글을 다는 사람이 되었으면 좋겠다. 그리고 그런 좋은 댓글을 다는 사람들과 가까이 지내기를 권한다. 당연히 맨 아래에 위치

할 법한 악의적인 댓글을 다는 사람과는 절대 가까이 지내지 않았으면 한다. 댓글뿐만 아니라 그 댓글을 작성한 사람의 마음에도 악의가 있을 가능성이 크고 그 악의가 당신을 불편하고 불쾌하게 만들 수 있기 때문이다.

좋은 말을 많이 하도록 노력하고 나쁜 말을 하지 않도록 노력하자. 좋은 면에 집중하는 마음을 가지고 나쁜 면에 집착하는 삐딱한 마음을 버리자. 살다 보면 마음에 들지 않는 부분, 잘못된 부분들이 눈에 띄겠지만 매 순간 그것들을 드러내고 짚어내야 하는 것은 아니다. 우리에겐 상대의 기분을 상하게 하면서까지 잘잘못을 따질 필요가 없는 순간이라는 게 있으니까 말이다.

＊────────

말이 주는 강력한 힘을 인지하라.
부정보다는 긍정의 말을 쓰고
단점보다는 장점을 찾을 수 있는 사람이 되자.

# 솔직함과 무례함을
# 헷갈리지 마라

선의의 거짓말은 과연 해도 괜찮은 걸까? 어쨌든 거짓말은 남을 속이는 일이니까 절대 안 된다고 생각하는 사람이 있는가 하면, 사실과 다르더라도 그 거짓말이 상대에게 배려와 존중이 된다면 괜찮다고 생각하는 사람이 있다. 나는 여기서 뭐가 옳고 그른지에 대해 이야기할 생각은 없다. 이는 각자의 가치관에 따라 달라질 수밖에 없는, 그래서 정답이 존재하지 않는 그런 문제이기 때문이다. 그러니 여기서 옳고 그름을 따지기보다는 선의의 거짓말을 현명하게 사용하는 방법에 대해 고민하는 것이 우리에게 더 도움이 될 것이다.

좋은 인간관계와 즐거운 소통을 이야기하는 강사인 나는 당연히 선의의 거짓말이 필요하다고 생각한다. 하지만 그렇다고 해서 모든 상황에서 제한 없이 거짓말이 허용된다고는 생각하지 않는다. '거짓말'이 '선의'를 가지려면 한 가지 전제가 필요하다. 그 거짓말로 인해서 중대한 피해가 발생해서는 안 된다는 것이다. 거짓말을 해서 커다란 피해가 발생하면 그 순간 '선의'라는 좋은 의도는 사라져버린다. 그래서 보통 선의의 거짓말은 중대하지 않은 가벼운 사안들, 장기적으로 이어지지 않는 일을 다룰 때 쓰는 것이 좋다. 이런 사안들은 만에 하나 거짓말이었다는 사실이 밝혀지더라도 심각한 피해로 이어지지 않을 가능성이 더 높기 때문에 안전하다.

이 전제를 바탕에 둔다면 선의의 거짓말로 얻을 수 있는 장점이 아주 많다. 당연히 상대방에게 즐거움과 기쁨을 전달할 수 있다는 것이 가장 큰 장점이다. 아이들에게 산타클로스가 있다고 하는 거짓말이 대표적이다. 우리가 어린 시절에만 느낄 수 있는 감정을 '동심'이라고 한다. 아이가 아주 짧은 시기에만 경험할 수 있는 이 순수한 마음이 주는 행복을 맘껏 누리게 하기 위해 많은 어른이 존재하지 않는 산타클로스 흉내를 내며 아이들에게 거짓말을 한다. 때로는 아빠가 산타클로스 복장을 하고 아이 앞에 나타나기도 하고 미리 준비해놓은 선물을 잠든 아이의 머리맡에 몰래 둔 채 시치미를 떼기도 한다. 산타클로스인 척하는 부모의 선물을 받고 기뻐하는 아이의 모습을 보며 이 거짓말이 언제까지 효과를 발휘할 수 있을지 가늠해보기도 한다. 자신의 아이가 최대한 오래오래 이 거짓말을 믿어주길 바라면서 말이다. 이는 누군가를 기쁘게 만드는 선의의 거짓말이다.

연인 사이에서도 선의의 거짓말이 필요한 순간들이 많다. 여자친구가 큰맘 먹고 좋은 미용실에 다녀왔다며 새로 바꾼 머리가 어떤지 묻는데 거기다 대고 "괜찮긴 한데 자기랑 별로 안 어울린다. 자기는 파마머리보다 생머리가 더 어울려. 파마하면 좀 나이 들어 보여."라고 솔직하게 말한다면 어떨까? 나중에 가서 아무리 예쁘다고 말해준들 이미 기분은 상한 뒤다. 여자친구가 큰맘 먹고 새롭게 시도한 헤어스타일이 어떤지 물어볼 때, 남자친구가 새로 산 옷이 어떤지 물어볼 때 설령 내 생각에는 어울리지 않는 것 같아도 너무 잘 어울린다며 칭찬을 해주는 것. 식사 자리에 초대받아 대접받은 음식이 입맛에 맞지 않더라도 너무 맛있다며 엄지를 치켜세워 주는 것. 생일 선물을 풀어보니 썩 마음에 들지는 않더라도 너무 갖고 싶었던 물건이라며 기쁘게 받아주는 것. 모두 거짓말이지만 그 거짓말 덕분에 상대는 행복해할 것이다.

선의의 거짓말은 상대의 감정이나 정서를 보호하는 효과도 있다. 이 효과는 특히 상대가 부정적인 감정을 느끼는 순간에 빛을 발한다. 안타깝게도 불치병에 걸린 사람을 향해 대부분의 사람들은 희망을 담은 응원과 격려를 보낸다.

"반드시 완치되실 거예요. 잘될 거예요. 기적이 일어날 겁니다. 곧 치료법이 나올 거니까 걱정 마세요!"

하지만 어떤 사람은 정반대로 "다시 건강해질 수 없어 힘드시겠지만 얼마 남지 않은 시간을 잘 보내시기를 바랍니다."라고 말하며 희망 대신 사실을 전한다. 심지어는 일어날 수 없는 일을 말하는 사람들에게 그러면 안 된다고 지적하기도 한다. 헛된 희망을 이야기하는 것은 환자를 속이는 것일 뿐이고 그것이 오히려 환자를 힘들게 하는 일이라고 말이다. 과연 어떤 말이 그 순간 환자에게 도움이 될까. 때로는 좋아질 거라는 말이 거짓인 줄 알면서도 위로와 응원을 받을 때도 있고, 나을 수 없다는 진실을 깨달았을 때 더 좌절하게 되는 경우도 있다.

여기 유소년 축구 선수로 활동하고 있는 아들의 경기를 지켜보는 부모가 있다. 잘했으면 하는 마음과는 달리 아들은 계속해서 실수를 한다. 최선을 다하고 있지만 컨디션이 좋지 않은지 평소와는 다르게 오늘 경기력은 분명 좋지 않다. 전반전이 끝나고 쉬는 시간이 되자 부모는 아이 근처로 향한다. 이때 부모는 웃는 얼굴로 "아들! 잘하고 있어! 괜찮아! 파이팅!"이라고 말할 수도 있고 심각한 얼굴로 "너 오늘 왜 그래! 왜 그렇게 못하는 거야?

좀 잘해봐!"라고 말할 수도 있다. 앞의 말은 거짓이고 뒤의 말은 진실이다. 최선을 다하고 있지만 마음처럼 되지 않아 속상해하고 있는 아이는 어떤 말을 들었을 때 마음이 편해지고 용기를 얻게 될까? 단정할 수는 없지만 아마도 웃는 얼굴로 건넨 거짓말일 것이다. 거짓말이 아이가 좌절하지 않도록 감정을 보호해주는 역할을 하기 때문이다.

선의의 거짓말은 사회적 예의를 지키는 좋은 방법으로도 쓰인다. 사람과 사람 사이에는 '요식행위'라는 것이 존재한다. 요식행위는 실제 의미는 없지만 절차나 예의를 갖추기 위해 형식적으로 하는 행위를 뜻한다. 예를 들어 회사에서는 업무 이메일을 작성할 때 본문을 마무리하면서 '감사합니다'라는 문구를 반드시 기재하도록 권하고 있다. 언젠가 아직 사회 경험이 없는 예비 인턴 학생들에게 비즈니스 매너 강의를 한 적이 있다. 강의가 끝나고 한 학생이 내게 다가와 이렇게 물었다. "강사님. 강사님도 그러시고 다른 책에서도 그러던데 이메일 끝에 '감사합니다'라고 꼭 적으라고 하더라고요. 근데 만약 감사하지 않으면 안 적어도 되나요?" 나는 당연히 감사하는 마음과 상관없이 무조건 적는 것이 좋다고 답해주며, 요식행위라는 개념을 설명해주었고 그것이 어떻게 예의와 이어지는지도 덧붙여 말해주었다. 아마 그 학생은 감사하지 않아도 감사하다고 적는 게 거짓말, 혹은 위선이라고 생각됐던 모양이다. 하지만 이런 경우는 선의의 거짓말이라고 봐야 한다. 그것이 곧 예의와 존중으로 연결되기 때문이다.

식당에서 반찬을 더 요청할 때 "사장님. 죄송한데 반찬 좀 더 주시겠어요?"라고 말하는 사람이 있다. 그런 사람이 당신의 친구라면 "야! 우리가 잘못한 것도 없는데 죄송하긴 뭘 죄송해! 우리가 돈 내고 먹는데. 괜히 마음에도 없는 말 하지 마."라고 말할 것인가? 사실 일하고 있는 와중에 뭔가를 부탁하는 것이 미안해서 죄송하다고 말하는 사람도 있겠지만 이때의 '죄송한데'는 상대에게 예의를 갖추기 위한 요식행위와 같은 말이다. 죄송하지도 않으면서 죄송하다고 말하는 것을 불필요한 거짓말로 여길 수도 있지만 상대에게 예의를 갖추고 싶어서 사용하는 선의의 거짓말로 여길 수도 있는 것이다. 이렇게 선의의 거짓말을 적재적소에 잘 사용하는 사람은 사회에서 더 예의 있는 사람으로 인정받는다.

지금까지 선의의 거짓말이 가지는 장점과 일상 대화에서의 필요성에 대해 이야기했지만 여전히 어디까지를 '선의'라고 정의해야 하는지는 불분명하다. 사람마다 느끼는 '선의'의 기준이 각자 다르기 때문이다. 그래도 나의 거짓말로 누군가가 피해를 입는 게 아니라면, 상대의 감정과 정서를 보호하고 예의를 갖추려는 '선의'로 거짓말을 적절하게 활용해가며 소통하기를 권한다. "나는 사실을 말한 것뿐인데 왜 화를 내고 그래? 내가 뭘 잘못했다고!"라고 말하는 순간 상대를 배려할 줄 모르는 무례한 사람이 될지도 모른다. 때로는 진실이 필요하지 않은 순간도 있다는 사실을 기억하자.

＊————

솔직함은 때론 무례함이 되기도 한다.
때론 진실이 필요하지 않은 순간도 있음을 기억하자.
피해가 발생하지 않는 선에서 하는
'선의의 거짓말'은 상대의 마음을 지켜주고
예의와 존중을 바탕으로 하는 관계를 만든다.

# 선택적 정중함은 결국
# 누구도 존중하지 않는 것

비즈니스와 서비스 산업에는 '외부 고객External Customer'과 '내부 고객Internal Customer'이라는 개념이 있다. 쉽게 설명하자면 외부 고객은 우리가 흔히 말하는 손님, 고객을 의미하고 내부 고객은 회사 구성원들을 의미한다. 외부 고객은 이해관계가 얽혀 있는 존재이기에 누구라도 예의를 갖춰 잘 대할 수밖에 없다. 반면 내부 고객은 오랜 시간 함께해 오면서 편안하고 익숙해진 사람이라 외부 고객보다는 격식을 덜 차려도 되는 존재다. 바로 이러한 관계의 특성 때문에 '선택적 정중함'이 발생한다.

기업을 대상으로 강의를 진행하다 보면 여러 기업 관계자들을 많이 만난다. 그들에게 나는 외부 고객이다. 또한 강사라는 나의 직함 때문인지는 몰라도 미팅 자리에 나가면 대부분의 담당자들이 항상 웃는 얼굴과 상냥한 말투, 배려가 넘치는 행동들을 보여주곤 한다. 그런데 간혹 나에게는 한없이 친절하게 대하면서 그 자리에 같이 있는 부하 직원에게는 말을 함부로 하는 사람들을 볼 때가 있다.

"야! ○○야! 뭐하냐 너. 강사님 목 마르신데 커피 한잔 가져다드려야지. 빨리 빨리 움직여!"

물론 삿대질과 함께다. 그러고는 다시 한없이 정중한 모습으로 돌변해 나와의 대화를 이어간다. 나는 공적인 미팅 자리에서 반말로 지시를 받은 부하 직원의 마음이 신경 쓰여 그 자리가 내내 불편해진다.

이처럼 잘 보여야 하는 고객에게는 최선을 다해 친절을 베풀면서도 그 자리에서 함께 일하는 자신의 부하 직원에게는 "커피 가져와.", "서류 복사해 와.", "의자 몇 개 더 준비해."와 같이 반말을 내뱉는 사람들이 꽤 많다. 오랜 시간 함께했기에 이제는 가족같이 느껴지는 부하 직원에게 반말을 하는 건 크게 문제가 안 된다. 직원들끼리 밥을 먹을 때, 커피 마실 때나 쉬는 시간을 가질 때는 상관이 없다. 하지만 제3의 인물이 보는 앞에서 반말을 하는 것은 지위고하를 떠나 부하 직원을 인격적으로 하대하는 행동이다. 일반적으로 사람은 누군가의 하대가 꼭 나를 향한 게 아니더라도 누군가를 하대하는 장면을 보는 것만으로도 불편하고 불쾌한 감정을 느낀다. 이해관계가 얽혀 있는 고객에게만 잘한다고 해서 무조건 성과를 얻을 수 없는 이유가 바로 여기에 있다. 고객은 그 불편한 장면을 보며 '나한테는 참 친절하고 정중해서 마음에 들었는데 자기 부하 직원은 너무 막 대하네. 별로 좋은 사람이 아니군?' 하고 생각할 수도 있다.

실제로 비즈니스 현장에 가보면 모두에게 정중함을 유지하는 리더들이 많다. 외부 고객들이 참석하는 미팅 장소에 도착해서 출입문을 열기 전에는 함께 온 부하 직원에게 편하게 말한다.

"상화야. 긴장하지 말고 미팅하다가 막히는 부분 있으면 나한테 신호 줘. 내가 처리할 테니까 알았지? 잘해보자."

그러고는 문을 열고 들어가 외부 고객들을 만나는 순간 태도가 바뀐다.

"상화 씨. PPT 띄워주시고 준비해온 서류 배포해주세요."

사적인 상황에서는 친밀감이 느껴지는 사적 호칭과 편한 반말을 쓰다가도 공적인 상황에서는 공적 호칭과 존댓말을 쓸 줄 아는 멋진 상사의 모습이다. 단둘이 있을 때는 부하 직원으로서 편하게 대하다가도 제3자와 함께 있을 때는 업무를 담당하는 한 명의 전문가로서 정중하게 대할 줄 아는 사람의 전형적인 모습이다. 그 정중한 모습을 바라보는 외부 고객은 당연히 상대에 대한 신뢰감과 전문성, 그리고 상황에 대한 안정감을 느낄 것이다. 이는 업무에 긍정적인 영향을 미친다. 당신 앞에 앉아 있는 외부 고객은 당신의 '모든 모습'을 보고 그 모습들로 당신을 평가한다는 사실을 기억해야 한다.

이해관계의 유무와 상관없이 일상생활에서 만나는 모든 사람에게도 정중함을 항상 유지해야 한다. 한 기업에서 교육을 진행했을 때 이 사실을 되새기게 되었다. 이날도 나는 소통의 매너에 대해 이야기하며 청중들에게 외부 고객과 내부 고객의 개념을 강조했다. 그런데 첫 시간이 끝나고 쉬는 시간이 됐을 때 중년의 신사분께서 다가와 "아까 강사님 얘기 듣고 정말 깜짝 놀랐습니다."라며 내게 말을 걸었다. 그분은 몇 년 전 고등학생 아들과 딸을 데리고 외식을 하러 집 근처에 있는 식당에 갔었는데, 그날 실수로 나이 어린 직원에게 주문을 하며 반말을 했다고 한다. 평생 그런 적이 없었는데 왜 갑자기 반말이 나왔는지 그분은 자기도 잘 모르겠다고 하셨다. 그 순간 앞에 앉아 있던 자녀들이 숟가락을 내려놓고 나가려고 하더란다. 깜짝 놀라 "야. 너네 왜 그래?"라고 물었더니 아이들이 이렇게 말했다고 한다.

"아빠가 그럴 줄 몰랐어. 아빠는 우리한테 맨날 누구한테든 정중하고 친절하게 대하라고 말했으면서, 왜 저 직원한테는 반말해? 우리한테는 항상 그렇게 말하면서 아빠는 밖에서 나이 어린 사람들한테 막 반말하고 다녔어? 아빠, 너무 실망이야."

그 순간 그분은 머릿속에서 천둥번개가 치는 느낌이 들었다고 했다. 그리고 '앞으로는 실수로라도 그러지 않도록 조심해야겠다'라고 다짐했다고 한다. 세상에서 가장 사랑하는 아들딸에게는 자상하게 대하면서 오늘 처음 본 식당의 종업원에게는 반말을 하며 하대했던 자신의 모습이 자기가 생각해도 별로였다고 하면서 말이다. 아이들은 아들딸인 자신들에게는 잘해주는 아빠에게 고마웠을지라도, 다른 사람을 하대하는 장면을 보는 순간 인간적인 불편함, 그리고 아빠에 대한 실망감을 느꼈을 것이다. 그래서 자리를 박차고 일어났던 것이다. 내 가족에게는 잘하고 남에게는 함부로 대하는 태도가 불러올 수 있는 나쁜 결과다.

반대로 친한 사람에게는 함부로 대하면서 남에게는 친절하게 대하는 경우도 보았다. 강사가 되기 전에 외식업 관련 일을 했던 나는 아는 지인의 부탁으로 카페 개업을 희망하는 한 커플을 만나 조언을 해준 적이 있었다. 실제로 카페를 운영할 사람은 여자친구였고 남자친구의 인맥을 통해 만나게 된 자리였다. 그런데 상담을 하는 한 시간 내내 주로 질문을 한 쪽은 남자친구였다. 실제로 카페를 운영할 여자친구가 궁금한 부분이 더 많을 텐데도 그분은 잠자코 그냥 듣고만 있었다. 나는 그 이유를 상담을 하는 동안 남자친구가 여자친구를 대하는 태도를 보고 알게 되었다. 여자친구가 무슨 질문을 하려고 하면 "아. 좀. 가만히 있어.", "내가 알아서 할게!", "넌 뭘 그런 걸 물어보냐."라고 무시하며 핀잔을 주었기 때문이다. 앞에서 듣고 있는 내가 다 민망할 정도였다. 반면에 나에게는 그렇게 친절할 수가 없었다.

"바쁘신데 시간 내주셔서 감사해요."

"덕분에 도움이 많이 되었습니다."

"커피 한잔 더 하시겠어요?"

"제가 조만간 식사 한번 대접하고 나중에 오픈하면 꼭 초대하겠습니다."

상담을 끝내고 헤어진 뒤에 내내 마음이 쓰였다. 그래서 공유받은 연락처를 통해 여자친구에게 메시지를 보내 혹시 궁금하신 것이 있다면 언제든지 편하게 연락을 달라고 했다. 그랬더니 아니다 다를까, 조심스레 양해를 구하며 여러 개의 질문을 보내왔다. 한 시간 동안의 상담을 통해 내가 느낀 점은 남자친구가 그다지 좋은 사람은 아니었다는 것이다. 비록 나에게는 완벽할 정도로 친절했지만 말이다.

또한 부부 동반 모임에 참석한 남편이 친구들이 보는 앞에서 아내를 무시하고 함부로 대하는 경우도 있다. 친구의 아내들에게는 웃는 얼굴로 음식을 권하면서도 정작 자기 아내에게는 사람들

마시게 당신이 물 좀 떠와라, 살찌니까 그만 먹어라, 흘리지 좀 말고 먹어라, 직원 좀 불러와라 같은 말들을 함부로 던진다. 물론 반대로 아내가 남편에게 똑같은 행동을 하기도 한다. 많은 사람 앞에서 그런 하대를 받는 사람의 기분은 처참하다. 자신의 배우자에게 존중받으며 살지도 못하는 불쌍한 사람이 된 듯한 기분을 느낀다. 무시받는 사람이 되었다는 사실만으로도 마음에 상처를 입는데 심지어 그 모습을 공개적인 장소에서 다른 사람에게 보이게 되면 인간적인 모멸감까지 느끼게 된다. 남에게는 잘하고 나의 가족에게는 함부로 대하는 태도가 불러일으키는 가장 나쁜 결과라 할 수 있다.

내 가족이 제일 중요한 사람이 있는가 하면 내 가족이 제일 만만한 사람이 있다. 전자는 집 밖에서는 차갑고 무뚝뚝한 사람, 집 안에서는 따뜻하고 다정한 사람이고 후자는 그 반대의 사람이라고 할 수 있다. 이렇듯 일상에서는 외부 고객과 내부 고객의 개념이 개인의 성향에 따라 유동적으로 변화한다. 전자의 사람이든 후자의 사람이든 외부 고객과 내부 고객을 대하는 태도가 다르다는 사실은 변함이 없다. 결국 그 '선택적 정중함' 때문에 어느 한쪽에게 불편하고 불쾌한 사람이 될 가능성은 늘 존재한다.

그러므로 이해관계와 상관없이 만나는 모든 사람을 정중하게 대하라. 당신의 중요한 거래처 고객인 회사 대표뿐만 아니라 그

대표와 미팅을 하는 공간에 들어온 미화원에게도 정중한 태도를 보여야 한다. 당신의 사랑하는 아들딸뿐만 아니라 그 아들딸과 함께 하는 식사를 서빙해주는 남의 집 아들딸들에게도 예의를 갖춰야 한다. 그래야 비로소 당신의 정중함이 완성될 수 있다.

＊————

선택적 정중함을 가지고
사람들을 대하고 있지는 않은지 돌아보자.
늘 예의를 갖춰 상대를 대할 때
좋은 사람이 되고 좋은 인간관계를 유지할 수 있다.

## 5장

# 대화의 맛을 더하는 비언어적 표현

# 말이 오가는 길을
# 깔끔하게 비워두자

대화는 두 사람의 말이 오고 가는 일이다. 눈에 보이지는 않지만 분명 두 사람 사이에는 서로의 말들이 바쁘게 오가고 있다. 그래서 좋은 대화를 하기 위해서는 말이 오가는 그 길에 '장애물'을 두지 말아야 한다. 내 말이 온전히 상대에게 갈 수 있고 상대의 말이 온전히 나에게 올 수 있도록 말이다.

비즈니스를 위한 대화에서 이 행동은 특히나 더 중요하다. 나는 제품이나 서비스를 판매하기 위해 고객과 마주 앉아 상담을 진행하는 영업사원들에게 될 수 있으면 정면에 노트북을 펼쳐놓고 상담을 진행하지 말라고 조언한다. 이는 고객과 친밀한 대화와 공평한 대화를 하기 위함이다. 만약 두 사람이 각자의 노트북을 앞에 두고 대화를 나눈다면 문제가 없지만 한 사람만 자기 앞에 노트북을 두고 이야기한다면 상대를 불편하게 만들 수도 있다. 사람에 따라서는 '뭐야? 내가 지금 면접을 보고 있는 건가? 평가를 받고 있나?' 하고 생각하며 하대를 당하는 느낌을 받을 수도 있다. 게다가 대화를 나누는 중간중간에 노트북 화면으로 시선을 옮기는 행동을 하면 상대는 더 불편해진다. '저 화면으로 도대체 뭘 보고 있는 거지?'라는 생각이 들면서 정보의 불균형에서 오는 불안감이 한층 더해진다.

하지만 현실적으로 영업을 위한 상담을 할 때는 자료 등을 확인하기 위해 노트북이 꼭 필요한 경우가 많다. 이럴 때는 노트북을 정면이 아니라 약간 대각선 방향으로 놓는 것이 좋다. 대화의 통로도 열어놓고 자료도 확인할 수 있는 구도이기 때문이다. 은행 창구의 직원들이 모니터를 어디에 두고 고객을 응대하고 있는지 생각해보면 이해가 쉽다. 알다시피 모든 은행 창구의 모니터들은 고객과 직원의 정면이 아닌 대각선 방향으로 놓여 있다. 대화의 통로가 완전히 열려 있으면서도 모니터 화면이 노출되지 않는 가장 이상적인 구도이기 때문이다. 이런 구도에서는 신분증을 건넬 때 정면으로 자연스럽게 팔을 뻗어 직원에게 건네면 된다.

반대로 모니터가 대화 통로를 완전히 막아버리는 공간도 있는데 바로 공공기관의 민원실이다. 주민센터나 세무서를 방문해 본 사람은 알겠지만, 커다란 모니터가 직원과 고객 사이를 정면으로 가로막고 있다. 내 인감증명서를 발급해준 직원의 얼굴을 보지도 못하고 돌아오는 경우가 있을 정도다. 이 구도에서는 신분증을 건넬 때 모니터를 피해 아래쪽으로 팔을 뻗어 건네야 한다. 모니터를 정면에 배치하는 나름의 이유가 있을 테니 이를 잘못이라고 단정지어서는 안 되겠지만, 이런 환경에서는 직원의 친절함이 고객에게 전달되기 어려운 게 사실이다. 친절함을 나타내는 여러 비언어적 표현 중에서도 표정과 눈빛, 그리고 고갯짓이 매우 큰 비중을 차지하기 때문이다. 그런 의미에서 서비스의 친절도를 높일 수 있는 방법은 어쩌면 모니터의 위치를 살짝 바꾸는 것일지도 모른다.

마지막으로 모니터가 완전히 열려 있는 공간도 있다. 바로 휴대폰 매장이나 자동차 판매점이다. 이런 곳은 모니터가 고객과 직원을 향한 채로 옆에 놓여 있다. 대화의 통로를 완전히 열어놓을 뿐 아니라, 모니터의 정보를 고객과 직원이 함께 보며 견적을 산출하고 상담을 진행한다. 이 세 가지 경우를 생각하면 모니터의 위치에 따른 소통 방식의 차이를 명확하게 느낄 수 있다.

이런 차이는 일상 속에서도 느낄 수 있다. 식탁에 앉아 노트북으로 업무를 보고 있는 부모 앞으로 아이들이 다가와, 엄마 아빠에게 할 얘기가 있다며 말을 건넨다. 이때 부모가 보일 수 있는 반응은 두 가지다. 펼쳐진 노트북을 그대로 두고 화면 너머로 시선만 옮겨 대화하는 것과 그 즉시 노트북을 덮고 아이와 눈을 맞추며 대화하는 것이다. 당연히 후자의 부모가 아이들에게는 더 좋은 대화 상대다. 만약 이야기가 길어질 것 같아 과감하게 덮은 노트북을 아예 옆으로 치우는 모습을 보여준다면 아이가 느끼는 기분은 훨씬 더 좋아진다. 만약 꼭 처리해야 할 중요한 업무가 있다면 급한 마음에 노트북 너머로 시선만 아이에게 옮겨 불편한 대화를 하기보다는 차라리 아이에게 양해를 구하고 대화를 잠시 미루는 것이 좋다. "아빠가 급해서 그런데 이거 금방 끝내고 얘기해도 될까? 5분만 기다려줄 수 있어?"라고 말이다. 한 번을 대화하더라도 완전히 집중하는 모습으로 하는 편이 더 좋다.

노트북을 예로 들어 대화의 장애물에 대해 설명했지만 이건 비단 노트북에만 해당되는 이야기가 아니다. 책이든, 손에 들고 있는 스마트폰이든, 신문이든 당신과 상대의 사이에서 대화를 조금이라도 가로막을 수 있는 모든 것을 의미한다. 상대방과의 대화에 온전히 집중할 때 좋은 대화 상대가 될 수 있다. 그리고 모든 수단을 동원해 내가 대화에 집중하고 있음을 상대에게 보여줄 때 좋은 대화가 완성된다.

"우리 엄마 아빠는 언제나 내 말을 잘 들어줘."

"우리 팀장님은 언제나 내 말에 귀 기울여줘. 그래서 무슨 일이 있으면 제일 먼저 찾아가고 싶어."

인간관계에서 이보다 더 기분 좋은 평가가 있을까? 내 말이 온전히 상대에게 가고 상대의 말이 온전히 나에게 올 수 있도록 대화의 길을 항상 깔끔하게 비워두자.

＊ ─────

좋은 대화 상대가 되고 싶다면
상대방의 말에 온전히 집중하라.
당신과 상대 사이에 놓인 대화의 장애물을 치워
당신이 대화에 집중하고 있음을 보여주어라.

# 경청의 메시지를 보내는
# 눈맞춤

대화를 할 때 서로 눈을 바라봐야 한다는 것쯤은 누구나 알고 있
다. 하지만 누구나 안다고 해서 모두가 그렇게 하지는 않는다. 의
외로 대화할 때 눈을 똑바로 바라보는 걸 어려워하는 사람들이
꽤 있다.

직업 특성상 많은 사람 앞에서 강의를 하는 나는 사람들이 얼
마나 눈맞춤을 어려워하는지 누구보다 잘 안다. 강의를 할 때는
그곳에 모인 청중들에게 시선을 골고루 배분해야 하는데, 이때
눈맞춤을 어려워하시는 분들을 보곤 한다. 예를 들어 내가 왼편
에 있는 청중들을 바라보며 강의를 할 때 오른편에 있는 청중들

은 자연스럽게 나를 보고 있다. 그러다 내가 시선을 오른편으로 돌리면, 방금 전까지 나를 잘 보고 있는 사람들 중 몇몇이 깜짝 놀라며 서둘러 시선을 피한다. 눈맞춤이 어색하고 불편한 사람들이다.

눈을 잘 쳐다보지 못하는 사람들이 절대 나쁘거나 부족한 사람이라는 말이 아니다. 전통적인 한국 문화에서는 상대의 눈을 똑바로 쳐다보지 않고 시선을 아래로 내리는 것이 예의로 여겨져 왔기 때문이다. 특히 허리 숙여 인사를 할 때나 악수를 할 때, 술을 받을 때, 꾸중을 들을 때 등 손윗사람과 함께 하는 행동에서 그것이 예의라고 배우면서 자랐기 때문에 한국 사람들에게는 눈맞춤의 중요성이 상대적으로 낮고, 그만큼 눈맞춤을 어색하게 느끼는 사람들도 많다. 하지만 시대가 바뀌면 예의의 형태도 자연스럽게 변해야 한다. 예를 들어 식사 예절 중에 하나로 예전에는 밥을 먹을 때 말을 하면 안 된다고 배웠지만 지금은 다르다. 상대에게 불쾌감을 주지 않는 선에서 식사를 하며 대화를 곁들이는 법을 배워야 하는 시대로 변했다.

이와 마찬가지로 지금은 대화할 때 시선을 피하는 것보다 눈을 맞추는 것이 예의에 맞는 행동이 되었다. 대화할 때 눈맞춤은 의사소통의 시작과 끝이다. 인간의 눈과 동물의 눈 사이에는 두드러지게 다른 점이 한 가지 있는데, 바로 인간은 '공막鞏膜'이라고 부르는 흰자위가 매우 넓고 또렷하다는 점이다. 그 결과 인간은 눈동자의 움직임이 겉으로 명확하게 드러나게 되었다. 그리고 이러한 특징은 인간에게 다른 동물들은 가지지 못한 특별한 능력을 주었다. 눈만으로도 의사소통을 할 수 있었던 것이다.

시선이 향하는 곳이 바로 그 사람이 관심을 가지는 곳이다. 대화를 할 때 상대의 눈을 바라봐야 하는 이유가 바로 여기에 있다. '지금 나의 관심은 당신과, 당신이 하는 말에 있습니다'라는 사실을 상대에게 눈으로 전달해야 하는 것이다. 말할 때도 마찬가지다. '지금 나의 관심은 내가 하는 이 말을 당신에게 전하는 데 있습니다'라는 사실을 알려줘야 한다. 이때의 시선은 내가 하는 말의 목적지가 어디인지 상대에게 분명히 알리는 기능을 한다. 그래서 오늘날 사회에서는 대화를 할 때 눈을 마주치지 않으면 이를 대체로 부정적인 의미로 받아들인다. 자신감이 없다, 거짓말을 하고 있다, 문제가 있다, 준비가 부족하다, 마음에 들지 않는다, 동의하지 않는다 등등의 의미로 말이다. 그러므로 이러한 오해를 사지 않기 위해서라도 대화할 때 상대의 눈을 바라보는 것을 원칙으로 삼아야 한다.

그렇다면 이때 상대의 눈을 얼마나 자주, 얼마나 오래 바라봐야 할까? 대화는 듣기와 말하기라는 두 가지 행동으로 구성된다. 의사소통과 관련된 많은 자료들에서는 일반적으로 들을 때는

70~80퍼센트, 말할 때는 50~60퍼센트의 비중으로 상대의 눈을 바라보라고 조언한다. 이 비중의 차이가 의미하는 바는 무엇일까? 들을 때는 눈을 맞추는 시간을 많이 갖고, 말할 때는 상대적으로 여유를 가지고 눈을 맞춰도 된다는 뜻이다. 하지만 개인적으로는 그 비중을 더 높이길 추천한다. 특히 상대의 말을 들을 때는 100퍼센트 눈을 맞추는 것이 좋다. 70~80퍼센트의 비중으로 눈을 맞추며 듣는다는 말은 20~30퍼센트의 비중으로 다른 곳을 쳐다본다는 뜻이고 이는 상대가 '집중을 안 하고 있나? 내 얘기가 지루한가? 주변에 무슨 일이 있나? 대화하기 싫은가?' 같은 생각을 할 수 있는 위험이 존재한다는 뜻이 되기 때문이다. 누군가는 '너무 눈을 빤히 쳐다보면 상대가 부담스러워하지 않을까?', '싸우자고 생각하는 거 아닐까?'라고 걱정하기도 하는데, 그럴 필요 없다. 이런 역효과는 사실 눈을 맞추는 '비중'이 아니라 상대를 바라보는 '눈빛'에 따라 나타난다. 눈을 부릅뜨고 강하게 째려보는 눈빛이 아닌 평온하고 부드러운 눈빛이라면 상대가 이를 부정적으로 받아들일 일은 없으니 걱정하지 않아도 된다. 반대로 말할 때에는 시선이 조금 자유로워도 괜찮다. 실제로 뭔가를 떠올리거나 고민을 할 때, 잠시 말을 멈출 때는 시선을 상대에게서 떼는 것이 더 자연스럽기도 하다. 다만 그렇다고 하더라도 너무 자주 상대에게서 시선을 떼는 것은 피해야 한다.

이토록 눈맞춤을 신경 써야 하는 이유는 인간관계에서 눈맞춤이 가지는 의미 때문이다. 평상시에는 서로의 눈을 잘 바라보며 대화를 하는 부부도 부부 싸움을 할 때는 눈을 마주치지 않는다. 동물들이 싸우는 모습에서도 시선의 중요성을 알 수 있다. 팽팽한 긴장감 속에 한껏 몸을 부풀려 서로를 노려보다가 결국 어느 한쪽이 시선을 떨구는 것으로 싸움의 승패가 결정된다. 부부 싸움도 이와 비슷하다. 처음엔 서로의 주장을 펼치며 동등하게 시작되지만 시간이 지나면서 자연스럽게 승패가 결정된다. 공격을 하는 사람은 여전히 상대를 똑바로 주시하며 말을 이어가지만 기세가 꺾인 사람은 시선을 마주치지 않고 체념한 듯 듣는다. 자신이 이길 수 없다는 사실을 인정했거나 더 이상 싸우고 싶지 않아 대화를 포기해버렸음을 시선으로 표현하는 것이다.

이처럼 시선은 무척 큰 의미를 담고 있다. 그러니 아이가 부모에게 다가와 이야기를 시작한다면 곧바로 아이의 눈을 바라봐줘야 한다. 아무것도 모를 것 같지만 아이들도 자신의 말을 듣는 부모의 시선이 어떤 의미인지 다 느낀다. 그러므로 부모는 아이에게 시선을 맞추고 아이의 말을 잘 들어주는 사람이 되어야 한다. 그래야 아이가 엄마 아빠에게 어떤 말이든 할 수 있게 된다. 시선의 높이를 맞춰주면 더욱 좋다. 높은 위치에 있던 엄마 아빠가 자신의 말을 듣기 위해 무릎을 굽혀 시선을 맞춰준다면 아이는 더욱 큰 친밀감을 느끼게 될 것이다. 실제로 허리를 숙이거나 무릎을 굽혀 아이와 대화하는 어른들을 길에서 종종 보는데 이는 좋은 대화 습관일 뿐만 아니라 아이에 대한 애정까지도 확인할 수 있는 멋진 모습이다.

부부나 연인 사이에서도 서로의 눈을 보며 대화해야 한다. 눈을 마주치는 행동은 존중이고 눈을 마주치지 않는 행동은 무시가 될 수 있다. 부부와 연인은 세상에서 가장 가까운 존재이자 가장 많은 대화를 나누는 존재이다. 그렇기에 의사소통의 질이 곧 관계의 질을 결정한다. 서로의 눈을 바라보며 나누는 대화가 많을수록 두 사람의 관계는 더 돈독해질 수밖에 없다. 설거지를 하는 중에 상대가 뒤에서 말을 걸어올 때도 고개를 돌려 대답을 하는 사람들이 있는데, 이렇게 눈맞춤을 잘하는 사람은 어떤 상황에서든 가능한 상대를 바라보려 노력한다.

많은 사람 앞에서 원고를 읽어야 하는 상황에서도 시종일관 원고에 시선을 고정하고 읽는 사람이 있는가 하면 원고와 청중을 번갈아 바라보며 읽는 사람이 있다. 다른 사람의 말을 받아 적을 때도 메모지에 시선을 고정한 채 열심히 적어 내려가는 사람이 있는가 하면 메모하는 중간중간 고개를 들어 말하는 사람을 쳐다보는 사람도 있다. 당연히 후자의 사람들이 더 큰 존중을 표하며 더 세련된 행동을 하고 있다고 말할 수 있다.

눈맞춤도 꾸준한 연습이 필요한 행동이다. 전통적인 한국 문화의 특성상 눈맞춤이 어려울 수밖에 없는 기성세대에게도 그렇고, SNS나 메신저 같은 온라인 소통이 익숙한 어린 세대에게도 눈맞춤은 어려운 일이다. 특히나 요즘 어린아이들은 모바일 기기를 이용해 의사소통을 주로 하다 보니 실제로 사람을 만나서 하는 대화를 낯설게 느낀다. 만약 당신의 아이가 상대의 눈을 바라보며 대화하는 사람이 되기를 바란다면 어린 시절부터 습관을 들여 눈맞춤에 익숙해지도록 도와줘야 한다. 그리고 그러기 위해서는 어른인 나부터 시선을 어떻게 쓰고 있는지 점검해볼 필요가 있다. 과연 나는 지금 내 아이의, 내 배우자의, 내 연인의, 내 동료의 눈을 제대로 바라보면서 대화하고 있는지 생각해보자.

✳ ─────

눈맞춤은 의사소통의 시작과 끝이다.
시선은 내가 내뱉는 말의 목적지가 어디인지
상대에게 분명히 알려준다.
서로의 눈을 보면서 대화하자.

# 입은 거짓말을 해도
# 몸은 거짓말을 하지 못한다

처음 만난 두 남녀가 카페에 마주 앉아 소개팅을 하고 있다. 표정을 보니 두 사람 모두 밝게 웃고 있다. 아마도 서로에게 호감이 있는 것 같다. 하지만 몸의 기울기를 보니 두 사람 다 호감을 갖고 있지는 않은 것 같다. 한 사람은 몸을 상대방 쪽으로 잔뜩 기울이고 있는데, 다른 한 사람은 의자 등받이에 깊게 등을 기대고 앉아 있기 때문이다.

이처럼 몸의 기울기는 마음의 상태를 그대로 반영하기도 한다. 사람은 본능적으로 자기가 좋아하는 것에는 가까이 다가가려 하고 싫어하는 것으로부터는 멀어지려는 경향이 있다. 그래서 대화를 할 때 몸을 앞으로 기울이는 것은 상대방과 가까워지려는 행동으로, 대화에 관심이 있을 때, 흥미가 느껴질 때, 상대에게 호감이 있을 때 주로 나타난다. 적극적인 자세로 대화에 임하는 긍정적인 모습이다. 반대로 몸을 뒤로 젖히는 자세는 지루할 때, 상대의 말에 동의하지 못할 때, 대화를 끝내고 싶을 때, 상대가 마음에 들지 않을 때와 같이 부정적인 반응을 나타낸다.

사실 몸의 기울기에 따른 의미들은 굳이 누가 알려주지 않아도 모든 사람이 느끼는 본능적인 부분이다. 내가 아무리 대화에 큰 흥미와 재미를 느끼고 있어도 몸을 뒤로 잔뜩 젖힌 채 대화를 나눈다면 상대는 나의 마음을 알아채지 못할 뿐더러 심지어는 자신과 대화하기 싫어한다고 오해할 수도 있다.

그러므로 다른 사람과 대화를 할 때는 말뿐만 아니라 몸의 자세에도 신경 쓰는 것이 좋다. 함께하는 모든 사람이 뒤로 편안하게 몸을 기대고 앉아 휴식을 취하며 대화를 나누는 경우를 제외한다면 몸을 뒤로 젖힌 상태로 대화하는 것은 피해야 한다. 특히 부모들이라면 몸을 뒤로 잔뜩 젖혀 휴식을 취하고 있었다고 해도 아이들이 다가와 말을 걸면 곧바로 몸을 일으켜 세우고 대화를 시작하는 것이 좋다. 아이는 내 말을 듣는 엄마 아빠의 자세가 어떻게 바뀌는지에 따라 내 말에 관심이 있는지 없는지를 본능적으로 느끼기 때문이다.

몸의 기울기뿐만 아니라 몸의 방향도 마찬가지로 중요하다. 대화 상대를 향해 고개만 돌리기보다는 몸의 방향 자체를 상대 쪽으로 돌리는 것이 훨씬 더 적극적으로 대화에 임하는 태도다. 예를 들어 컴퓨터 모니터에 시선을 고정하고 양손으로 키보드를 쉴 새 없이 두드리며 일을 하고 있는데 옆자리 동료가 말을 걸어 올 경우, 짧고 간단한 질문이라면 고개만 돌려 빠르게 답하고 다시 모니터를 향해 고개를 돌려도 된다. 하지만 대화가 길어질 것 같다면 키보드에서 손을 떼고 몸통을 상대 쪽으로 돌려 앉아 대화를 하는 게 좋다. 상대와 완전히 마주보는 것이 가장 좋지만 꼭 그 정도가 아니어도 괜찮다. 몸의 방향을 바꾸는 모습을 보여주기만 해도 상대에게 '나는 지금 당신의 말에 귀를 기울이고 있습니다'라는 느낌을 줄 수 있다.

서서 대화를 나눌 때 발의 방향도 마찬가지의 의미를 가진다. 낯선 사람들이 모이는 사교 모임에서 주최한 파티에서 참석자들이 인맥을 쌓기 위해 부지런히 자리를 옮겨가며 사람들과 인사를 하고 대화를 나눈다. 그중 밝은 표정으로 대화를 나누고 있는 두 남녀의 발은 모두 자기 앞에 있는 대화 상대를 향해 있다. 주로 남자가 자기 사업에 대한 이야기를 하고 여자는 잠자코 그 이야기를 듣는다. 그런데 시간이 지나자 여자의 오른쪽 발이 살짝 틀어진다. 시간이 지날수록 발은 점점 더 틀어져 결국 몸은 완전히 옆을 보고, 얼굴만 상대를 향한 꼴이 됐다. 남자는 아랑곳하지 않고 자신의 성공 스토리를 늘어놓는 중이다. 보디랭귀지에서 상대를 마주보고 있다가 옆으로 틀어지는 발은 '이제 그만하고 나 좀 보내주세요. 나 이제 다른 곳에 가고 싶어요'라는 속마음을 의미한다. 그래서 나와 서서 대화하는 사람의 발의 움직임을 관찰하면 적당한 시점에 대화를 마무리하고 상대를 보낼 줄 아는 센스 있는 사람이 될 수 있다.

이와 비슷하게 내 발도 '관리'할 수 있다. 상대와 대화를 마무리하고 싶은 마음이 나도 모르게 발의 방향으로 드러날 수 있음을 기억하자. 말로는 너무 재밌어서 더 듣고 싶다고 하면서 발은 출구 쪽을 향한다면 거짓말하는 사람이라는 인상을 줄 수도 있다. 대화가 끝날 때까지는 발의 방향을 상대 쪽으로 유지하는 것이 대화에 집중하는 모습이다.

부모가 자녀에게, 아내(남편)가 남편(아내)에게, 직장 상사가 부하 직원에게 특히 그래야 한다. 자신과의 대화에 적극적으로 임하는 사람, 온전히 집중하는 사람은 언제나 함께하기 좋은 상대로 기억된다는 점을 명심해야 한다.

✳ ────

몸과 발의 방향은 대화 상대를 향한
나의 관심도를 그대로 드러낸다.
다른 사람의 보디랭귀지 변화를 잘 알아채고
나의 보디랭귀지를 잘 관리하여
센스 있는 대화를 할 줄 아는 사람이 되자.

# 팔짱을 풀면
# 마음의 문도 열린다

일상에서 팔짱을 끼는 행동은 여러 가지 의미로 해석할 수 있다. 추운 겨울날 버스 정류장에 서서 버스를 기다리는 사람들이 끼는 팔짱은 추운 날씨에 몸을 따뜻하게 하기 위함이고, 식당에서 밥을 먹다가 하얀색 티셔츠에 빨간 양념을 흘린 사람이 집으로 돌아가는 동안 끼는 팔짱은 얼룩을 가리기 위한 행동이다. 이런 몇 가지 일상적인 이유를 제외한다면 팔짱 끼기는 기본적으로 방어적 심리의 무의식적 표현이라고 볼 수 있다. 불편함이나 불안함, 어색함, 초조함 같은 감정을 느낄 때 자기 몸을 스스로 감싸안아 심리적인 안정감을 확보하려는 것이다. 또한 위협적인 상황에서는 누구나 본능적으로 심장과 폐 같은 주요 장기를 보호하려 하는데, 이 본능이 팔짱 끼기의 형태로 나타난다고도 할 수 있다.

이런 의미를 고려한다면 대화를 할 때 팔짱을 끼는 행동이 상대에게 어떤 느낌을 줄지는 어렵지 않게 짐작할 수 있다. '의견에 동의하지 않는다', '대화에 참여하고 싶지 않다', '네가 하는 말에 관심이 없다' 같은 부정적이고 방어적이며 소극적인 느낌이 팔짱 낀 자세 하나로 강하게 전달된다. 열 마디 말보다 이런 사소한 몸짓 하나가 좋은 대화 상대가 아니라는 느낌을 줄 수도 있다. 그러므로 특별한 경우가 아닌 이상 대화할 때는 팔짱을 끼지 말아야 한다. 특히 대화가 시작되는 순간의 자세 변화가 중요하다. 비슷한 상황을 상상해 보면 이 차이를 더 잘 알 수 있다.

남편이 서재에서 혼자 시간을 보내고 있는데, 그때 밖에서 '똑똑' 노크 소리가 들리고 문이 열리며 아내가 할 말이 있다고 말한다. "어! 자기야 들어와. 여기 앉을래?"라고 말하며 남편은 다정하게 아내를 자신의 앞으로 안내한다. 이때 남편이 취하는 자세를 두 가지 경우로 상상해보자. 혼자 있을 때 방이 조금 쌀쌀하게 느껴져서 팔짱을 끼고 있다가 아내가 들어오는 순간 팔짱을 풀고 대화를 나누는 남편과, 혼자 있을 때 편안하게 시간을 보내다가 아내가 들어오는 순간 팔짱을 끼고 대화를 나누는 남편. 만약 당신이 아내라면 어떤 남편과 대화를 나누고 싶은가? 당연히 내가 말을 거는 순간 방어적인 자세를 풀고 열린 자세를 취하는 남편과 더 대화하고 싶을 것이다. 그러므로 대화를 할 때는 팔짱을 풀어 개방적인 자세를 취해야 한다. 그것이 상대에게 좋은 대화를 선사하는 방법이고 당신이 좋은 대화 상대가 되는 방법이다.

대화를 나눌 때 나도 팔짱을 끼지 않고 상대도 팔짱을 끼고 있지 않아야 이상적인 대화가 이루어질 수 있다. 앨런 피즈와 바바라 피즈의 저서 《당신은 이미 읽혔다》에 소개된 실험도 이를 증명한다. 커뮤니케이션 전문가가 강연을 듣는 청중을 두 집단으로 나눠서 한 집단에게는 팔짱을 끼지 않은 자세를, 또 다른 집단에게는 강연 내내 팔짱을 낀 자세를 유지하도록 하여 실험을 진행했다. 그 결과 팔짱을 끼고 강연을 들은 사람들이 상대적으로 강연 내용이나 연사에 대해 더 부정적인 태도를 보였고 강연에도 집중하지 못했다.

이처럼 사람은 마음에 따라 행동하기도 하고 행동에 따라 마음을 결정하기도 한다. 마음과 행동은 어쩔 수 없이 서로 영향을 주고받으며 작동할 수밖에 없다. 따라서 행동을 바꾸면 마음이 바뀌기도 하고, 마음이 바뀌면 행동이 바뀌기도 한다. 그런 의미에서 대화를 시작할 때 상대가 팔짱을 끼지 않도록 하는 것이 좋다. 그리고 만약 팔짱을 끼고 있다면 그 팔짱을 풀게 만들자. 강연장의 의자가 팔걸이가 없는 형태라면 청중들이 팔짱을 낄 확률이 높다. 손을 둘 곳이 마땅치 않기 때문이다. 그래서 전문가들은 강연 참석자들이 열린 마음으로 강연을 듣게 하려면 팔걸이가 있는 의자를 준비하는 것이 좋다고 말한다. 일상의 대화에서도 상대가 팔짱을 끼지 않게 하기 위해 팔걸이가 있는 의자에 앉아 대화를 하거나 함께 커피를 마시고 음식을 먹는 등 손을 쓰게 하면 듣는 이가 나에게 마음을 열기 더 쉬워진다.

물론 그 어떤 장치들보다 나라는 사람 자체가 편안한 대화 상대가 되는 것이 가장 좋다. 나부터 좋은 대화 자세를 갖춘다면 상대는 팔짱을 낄 생각조차 하지 않을 만큼 편안하고 즐겁게 대화할 수 있을 것이기 때문이다.

✳ ———

편안한 대화 상대가 되어
상대에게 좋은 대화를 선사하고 싶다면 팔짱을 풀자.
열 마디 말보다 사소한 제스처 하나가
상대의 마음을 열어준다.

# 멀티태스킹보다
# 집중이 빛나는 순간

오늘날 현대사회에서 스마트폰은 신체의 일부분이라고 해도 과
언이 아니다. 길을 걸을 때도, 정류장에서 버스를 기다릴 때도, 지
하철을 타고 이동할 때도, 밥을 먹을 때도 스마트폰에서 눈을 떼
지 않는다. 잠들기 직전까지 들여다보던 스마트폰을 잠에서 깨자
마자 다시 손에 쥔다. 이제는 이런 모습들이 너무나 자연스러울
정도로 오늘날 스마트폰은 말 그대로 삶의 일부이자 신체의 일부
가 됐다.

　남에게 피해를 주지 않는 이상 이런 스마트폰 사용 문화를 무
조건 나쁘게 볼 마음은 없다. 하지만 적어도 대화를 할 때만큼은

스마트폰을 손에서 놓아야 한다고 생각한다. 엄마가 식탁에 앉아 부지런히 손가락을 움직여가며 스마트폰을 들여다보고 있다고 생각해보자. 아들이 다가와 엄마 앞에 앉는다.

"엄마. 있잖아. 나 할 말이 있는데."

엄마는 여전히 스마트폰에 시선을 고정하고 손가락을 움직이며 말한다.

"응. 뭔데?"

"아니. 엄마. 나 좀 봐봐. 학교에서 있었던 일 얘기하려고."

여전히 스마트폰을 바라보는 채로 엄마가 말한다.

"어. 얘기해. 듣고 있어."

시선을 맞추고 엄마와 대화하고 싶었던 아들은 엄마가 자신이 아니라 스마트폰에 눈을 맞추고 있는 모습을 보고 이야기를 하려다 이내 포기해버린다. 엄마에게 지금 이 순간만큼은 아들인 자신보다 스마트폰이 더 중요한 것 같다는 생각이 들었기 때문이다.

같은 상황에서 엄마가 곧바로 손에 쥔 스마트폰을 내려놓았다면 어떨까? 이 작은 행동만으로 엄마는 아이에게 "나에게는 이 스마트폰보다 너와 함께 나누는 대화가 더 중요해."라는 메시지를 전할 수 있다.

이 멋진 행동은 대화가 이루어지는 모든 상황에 똑같이 적용된다. 회사에서 팀원들이 함께 모여 회의를 하는 자리에서, 가장 직위가 높은 팀장이 회의를 주관하고 있다. 그런데 팀원들이 모두 준비를 마쳤고 회의 시작 시간이 되었는데도 가장 상석에 앉은 팀장은 스마트폰을 들여다보느라 정신이 없다. 팀장의 옆에 앉은 팀원이 "팀장님. 준비됐습니다. 회의 시작하시죠."라고 언질을 주지만, 팀장은 여전히 스마트폰에 시선을 고정한 채로 "어! 그래요. 아무나 발표 시작하시죠!"라고 말한다. 이렇게 회의 내내 스마트폰을 보는 팀장 때문에 팀원들은 마음이 불편하다.

회의에서는 수많은 대화들이 오고 가는 만큼 스마트폰이 방해가 되어서는 안 된다. 특히 리더가 먼저 스마트폰을 내려놓아야 한다. 리더의 그 행동은 "나에게는 이 스마트폰보다 여러분들과 함께하는 이 회의가 더 중요합니다."라는 말을 하는 것과 같은 의미이기 때문이다.

식사를 할 때는 또 어떤가. 혼자 밥을 먹을 때는 스마트폰을 보면서 밥을 먹어도 상관이 없다. 하지만 다른 사람과 함께 밥을 먹을 때만큼은 손에서 스마트폰을 놓아야 한다. 이때 '손에서 놓는다'는 말은 스마트폰을 손에서 떼어 식탁 위에 올려놓는다는 뜻이 아니라 보이지 않는 곳으로 치워야 한다는 의미다. 간혹 사용하지 않으니까 식탁 위에 올려놔도 문제없지 않냐고 생각하는 사람들이 있다. 하지만 스마트폰을 보이지 않는 곳으로 완전히 치워야 상대에 대한 존중과 배려가 완성된다. 그것은 스마트폰이라는 '물건' 하나를 손에서 놓는 단순한 행동이 아니라 '나에게는 이 스마트폰보다 당신과 함께하는 이 식사가 더 중요합니다'라는 무언의 메시지를 전하는 행동이기 때문이다.

나와 아내도 결혼하고 함께 살아온 그 긴 시간 동안 밥을 먹을 때 식탁 위에 스마트폰을 올려놓은 적이 없다. 그것이 나와 함께 밥을 먹는 사람에 대한 존중이라는 것을 서로 잘 알고 있었기 때문이다. 나의 딸아이는 아직 스마트폰이 없다. 그래서 세 식구가 모인 우리 집 식탁에는 어떤 스마트폰도 놓여 있지 않다. 하지만 머지않아 아이가 필연적으로 스마트폰을 갖게 되리라는 것을 잘 알고 있다. 그때가 오면 우리 부부는 가장 먼저 스마트폰을 내려놓는 법, 스마트폰을 보이지 않는 곳으로 치우는 법을 가르쳐주려고 한다. 그리고 다른 사람을 존중하는 그 사소한 행동이 자신을 얼마나 멋진 사람으로 만들어주는지도 정확히 알려줄 것이다.

앞서 설명했듯이 눈맞춤은 의사소통의 시작과 끝이다. 상대가 아닌 스마트폰을 바라보며 하는 대화는 상대방이 그만큼 중요하지 않다는 메시지를 전하는 나쁜 행동이라는 것을 기억하자. 스마트폰을 말 그대로 '스마트'하게 사용하자. 상대를 쳐다보지도 않으면서 "듣고 있으니까 얘기해." 같은 말을 하지 않는 멋진 대화 상대가 되자. 대화에서만큼은 멀티태스킹이 능력이 아닌 무례함이라는 사실을 아는 멋진 대화 상대가 되자.

✳ ─────
당신의 대화에서 스마트폰을 치워라.
이는 '나에게는 이 스마트폰보다
당신과 함께하는 시간이 더 중요합니다'라는
강력한 메시지를 전하는 행동이다.

# 여러 사람과
# 즐겁게 대화하는 법

여러 사람이 참여하는 대화는 두 사람끼리 나누는 대화보다 상대적으로 더 어려운 것이 사실이다. 들어야 할 말이 더 많을 뿐만 아니라 그 말들이 나에게 오는 방향이 여러 갈래라서 경청의 눈맞춤을 하기도 만만치 않다. 내가 내뱉는 말이 한 사람이 아닌 여러 사람에게 닿아야 한다는 점도 여러 사람과의 대화를 어렵게 만든다.

그럼에도 불구하고 우리는 여러 사람들과 대화를 잘 나눌 수 있어야 한다. 우리가 살면서 쌓는 인간관계 중에서 '모임'에서의 인간관계가 차지하는 비중이 매우 크기 때문이다. 가족과의 시간도 결국 모임이고 회사 동료들, 친구들이나 동호회 회원들과의 시간도 모임이다. 이런 모임에서 여러 사람과의 대화를 어떻게 하느냐에 따라 그 모임에서 환영을 받을지 받지 못할지가 결정된다.

이런 자리에서는 한 사람이 아닌 그 자리에 있는 모든 사람과 골고루 대화할 수 있어야 한다. 하지만 자신만의 목적에 매달리느라 이 점을 놓치는 사람도 많다. 예를 들면 이런 식이다. 한 와인 동호회가 주최하는 정기 시음회가 열렸다. 한 달에 한 번, 주말 저녁에 다 같이 모여 준비된 와인을 마시면서 와인 공부도 하고 친목도 다지는 그런 자리였다. 원탁 테이블이 여러 개 준비되어 있고 테이블마다 10명 남짓의 사람들이 모여 즐거운 시간을 보냈다. 그 모임에 한 남성이 처음 출석했다. 그는 자신의 맞은편에 앉은 여성 회원이 이성으로서 무척 마음에 들었다. 그는 그녀를 향한 호감을 숨길 마음이 없어 보였다. 오히려 모임을 갖는 두 시간 내내 적극적으로 그 여성 회원에게만 말을 걸 뿐 다른 회원들과는 일절 대화를 하려 하지 않았다. 어떻게든 그녀와 친해지겠다는 일념뿐이다. 어찌나 티가 나는지 그녀뿐만 아니라 그 테이블에 있는 모든 사람에게 남자가 구애한다는 것이 뻔히 보일 정도였다. 남자는 오늘은 처음이니까 이 정도로만 하고 다음 모임 때 만나면 더 친해져야겠다고 다짐했지만 그 이후로 그는 모임에 초대받지 못했다.

또 이런 경우도 있다. 작은 사업체를 운영 중인 한 대표가 사업가들이 모이는 비즈니스 모임에 참석했다. 자신과 비슷한 규모의 사업을 하는 사람들이 참여하는 모임이어서 인맥도 쌓고 영업도 하려고 시작한 활동이었다. 그렇게 아침 일찍 모여 간단한 강의를 듣고 아침 식사를 함께하며 친목을 쌓는 형태로 진행되는 정기 모임에 몇 차례 참석했다. 그리고 그는 그때마다 영업 대상이 될 사람을 물색했다. 자신이 만드는 제품을 사줄 수 있는 사람을 말이다. 그의 목표는 모임을 한 번 나갈 때마다 고객을 한 명씩 만드는 것이었다. 그래서 모임이 시작되면 사람들을 훑어보며 재빨리 목표를 정하고 그 사람과 친분을 쌓기 위해 최선을 다했다. 목표로 삼은 사람이 자신의 옆에 앉으면 좋겠지만 그런 행운은 잘 찾아오지 않았다. 친해지고 싶은 사람이 늘 자신과 멀리 떨어져 앉아 있어 대화가 힘들었지만 그래도 그는 최선을 다해 말을 걸었다. 모임이 끝나기 전에 유의미한 친분을 만들어야 해서 마음이 바쁜데 양옆에 앉은 사람들이 수시로 말을 걸어와 짜증이 나기도 했다. 그는 짧은 대답으로 대화가 길게 이어지는 것을 막고 그 사람들을 건너뛰어 목표 대상과의 대화에 집중했다. 그런데 몇 차례 모임에 참석한 이후 그는 사람들이 자신에 대해 안 좋은 이야기를 하고 있다는 사실을 우연히 알게 되었다. 창피함을 견디지 못한 그는 결국 모임을 탈퇴해버렸다.

이처럼 여러 사람과 함께 있는 자리에서 자신과 이해관계에 있는 한 사람과만 대화를 나누는 것은 이기적인 행동으로 비춰진다. 모임이라는 것 자체가 여러 사람이 같은 목적으로 모인 자리인데, 그런 자리에서 자신의 개인적인 목적을 더 우선시하는 행동이기 때문이다. 이 때문에 함께 친분을 쌓는 자리에서 연애를 위한 구애에만 집중하거나 자신의 이익을 위한 영업에만 집중한다면 오히려 사람들로부터 멀어지게 된다. 물론 연애를 하거나 사업을 위한 인맥을 만드는 것도 모임에 참가하는 하나의 이유가 될 수 있지만, 이런 개인적인 목적만 중요하게 생각해서는 안 된다. 그렇게 사적인 목적에 매몰되면 주변 사람들을 무시하는 실례를 범하게 된다.

그러므로 모임 등에서 여러 사람과 대화를 해야 하는 상황에서는 설령 어떤 목적을 가지고 있다 하더라도 잠시 뒤로 미뤄놓는 현명함이 필요하다. 골고루 대화하기를 원칙으로 삼고 내가 가장 먼저 챙겨야 할 대화 상대는 내 양옆의 사람임을 잊지 말아야 한다. 바로 옆에 있는 사람을 사이에 두고 멀리 있는 사람과 대화하는 것은 옆 사람을 무시하는 행동이다. 양옆에 있는 사람과의 대화 비중을 높게 유지하면서 자연스럽게 다른 사람들과 대화를 나누는 것이 좋다. 만약 정말 더 친해지고 싶은 사람이 있다면 당장 다가가야 한다는 조급한 마음을 내려놓고 적절한 타이밍, 가령 모임이 끝나는 순간이나 자리를 바꾸는 순간에 개인적으로 다가가 대화를 시도하자. 그것이 그 누구에게도 불편을 주지 않는 방법이다.

여러 사람과 대화할 때 대화 내용을 적극적으로 배분하는 기술도 필요하다. 대화를 잘하는 사람들은 그 자리에 있는 사람들에게 골고루 질문을 던지며 자연스럽게 모든 사람을 대화에 참여시킨다. 특히 내성적인 성격 탓에 적극적으로 대화에 참여하지 못하는 사람에게는 이런 배려가 더욱 고맙게 느껴질 것이고, 소외되는 사람이 없으니 모임의 분위기도 한결 편안해질 것이다. 이때 사람들에게 건네는 질문은 누구라도 쉽게 대답할 수 있는 주제들이어야 한다. 모임에 오게 된 계기나 모임의 주제에 대한 의견을 묻는 식으로 자연스럽게 대화를 이어나가는 게 좋다.

반면에 여러 사람과 함께 하는 대화에서 절대 하지 말아야 할 행동은 귓속말이다. 모두가 보고 있는 상황에서 두 사람이 귓속말로 이야기를 나누면 그건 다른 사람들을 대화에서 따돌리는 셈이 된다. 귓속말은 다른 사람들에게 불쾌한 궁금증을 일으키게 되는데, 모두가 함께 이야기를 나누는 상황에서 두 사람만 어떤 이야기를 나눴는지 알 수 없기 때문이다. 누군가와 개인적으로 나누어야 할 이야기가 있다면 적절한 상황에 자리를 옮겨 떳떳하게 말하는 것이 좋다.

여러 사람이 모이는 자리에서 환영받는 사람이 될지 배척당하는 사람이 될지를 결정하는 것은 외모와 옷차림, 경제력 등이 아니다. 얼마나 그 자리의 성격을 이해하고 있는지, 그리고 얼마나 사람들을 배려하며 대화하는지에 따라 나의 호감도가 갈린다. 때로는 대화에도 여유가 필요한 순간이 있다. 인간관계는 욕심을 부린다고 되는 일이 아니라는 것을 기억하자.

＊

여러 사람과 대화를 나누어야 하는 자리에서
이해관계에 있는 사람과만 대화를 하려 드는 건
이기적이고 무례한 행동이다.
골고루 대화하는 것을 원칙으로 삼아야 한다.

# 손으로 하는 욕설,
# 삿대질

사람은 뾰족한 물건에 본능적으로 공포와 불안을 느끼고 뭉툭한 물건에는 비교적 편안함을 느낀다. 그 이유는 뾰족한 물건이 나에게 상처를 입힐 수도 있다는 사실을 경험적으로 잘 알기 때문이다. 그것이 뾰족하고 예리할수록, 길이가 길수록 공포와 불안은 커진다. 내가 맞을 주사의 주삿바늘이 짧을 때와 길 때 느끼는다른 것처럼 말이다. 그래서 뾰족한 무언가가 나를 직접적으로 겨누면 우리는 그 자체로 불안함과 불쾌감을 느끼게 된다.

그리고 우리 몸에서 코를 제외하면 가장 뾰족한 부위는 당연히 손가락이다. 코는 자유롭게 움직일 수 없지만 손가락은 상대방에게 시각적인 '공격'을 가할 수 있다. 실제로 우리가 상대에게 공격적인 태도를 취하는 순간, 가령 몸싸움을 하기 전 말싸움을 할 때 우리는 손가락으로 삿대질을 하면서 공격을 시작한다. 공격은 상대에게 상처를 입히는 게 목적이기 때문에 이때의 삿대질은 마치 상대의 얼굴도 찌를 수 있을 정도로 가깝다. 마치 펜싱 경기에서 선수들이 팔과 다리를 쭉 늘려 상대를 찌르는 것처럼 말이다. 그래서 삿대질은 곧 커다란 싸움이 일어나리라는 것을 의미한다. 바로 이런 이유로 삿대질은 꼭 싸울 때뿐만 아니라 모든 상황에서 아주 무례한 행동으로 여겨진다.

절대 삿대질을 하면서 대화하지 말아야 한다. 당신이 상대를 무시하거나 조롱하려는 생각이 없다고 하더라도 손가락으로 상대를 가리키는 모습 자체가 당신을 그런 의도를 가진 사람으로 만들어버리기 때문이다. 실제로 많은 사람이 평상시에 대화를 할 때 악의 없이 배우자에게, 아이들에게, 친구들에게 삿대질을 습관적으로 사용한다. 무의식적으로 하는 삿대질은 식사 자리에서도 자주 보인다. 예를 들어 밥을 먹으면서 대화를 나누는 중간중간에 손에 쥐고 있는 젓가락으로 상대를 가리키는 행동을 하는 사람들이 있다. 젓가락은 손가락보다 더 가늘고 더 뾰족하고 더 길기 때문에 무기의 형태와 더욱 비슷하다. 만약 먹고 있는 식사가 돈까스나 스테이크라면 나이프로 상대를 가리키기도 하는

데, 나이프는 무기에 가까운 물건이 아니라 그 자체로 이미 무기이기 때문에 더 위협적이고 더 공격적인 행동이 된다. 서양의 테이블 매너에서 식기로 상대를 가리키는 것을 철저히 금기시하는 이유다.

보통 삿대질이라 하면 검지를 사용하는 것이 일반적이지만 엄지손가락으로 삿대질을 하는 경우도 있다. 주로 상대와 옆으로 나란히 앉아 있을 때 이런 행동을 하는데 이는 상대에 대한 무시와 조롱으로 여겨질 수 있다.

친구들과의 커플 모임에 참석해 여자친구와 나란히 앉아 식사를 하고 있는 한 남자에게 친구가 묻는다.

"야! 너 요즘 왜 그렇게 피곤해 보이냐. 누가 너 힘들게 해?"

질문을 받은 남자는 입을 삐죽 내밀며 엄지손가락을 치켜세워 옆에 있는 여자친구를 가리키며 말한다.

"누구겠어? 얘밖에 더 있어?"

이때 여자친구의 입장에서는 자신을 남자친구를 힘들게 하는 여자로 만드는 그 말도 말이지만, 자신을 향해 엄지손가락을 빠르게 흔들고 있는 남자친구의 그 손동작이 더 기분 나쁠 것이다.

심지어는 손을 쓰지도 않고 턱으로 사람을 가리키는 경우도 있는데, 이 역시 당연히 무례한 행동이다. 사람이 누군가를 가리킬 수 있는 가장 간편하고 손쉬운 방법이 바로 턱을 사용하는 것이다. 턱을 사용하면 팔을 들 필요도, 손가락을 펼 필요도 없다. 적은 힘조차 들이지 않고 대화하겠다는 이기적인 태도다. 이는 상대를 경멸하거나 하대하고, 상대에게 관심이 없는 무례한 태도로 비춰진다.

무기를 손에 쥔 위협적인 사람을 만나면 피하는 것이 상책이다. 주변 사람들이 나를 피하는 모습을 보고 싶지 않다면 검지든 엄지손가락이든 턱이든, 젓가락이든 나이프든 펜이든 그 어떤 것으로도 나와 이야기 나누는 상대방을 가리키지 말자. 꼭 가리켜야 한다면 손에 든 뾰족한 것을 내려놓고 손바닥이 하늘로 오게끔 쫙 펼쳐 손 전체를 사용하자. 위협이 아닌 존중을 손에 쥔 사람이 되자.

✳ ─────

삿대질은 당신의 의도와 상관없이
아주 무례한 행동이다.
무기를 쥔 채 대화하지 말라.
설령 그것이 내 몸의 일부라 해도 말이다.

# 대화의 거리는 지키고
# 마음의 거리는 좁히고

사소한 일로 부부 싸움을 하고 일주일째 서로 말을 하지 않고 있
는 부부가 있다. 꼭 해야 할 말을 제외하고는 일절 대화를 나누지
않는 중이다. 하지만 두 사람 다 이제 화해를 하고 싶은 마음이다.
지나고 보니 별것 아닌 일이었는데 이렇게까지 길게 끌 일인가
싶은 것이다. 하지만 늘 그렇듯 먼저 화해하자고 다가가는 게 어
렵다. 게다가 일주일째 대화를 안 하다 보니 말을 먼저 붙이기가
점점 더 어려워지는 것 같다.

그러던 어느 날 저녁. 남편은 거실 소파에 앉아서 TV를 보고
있고 아내는 방에서 문을 닫은 채로 책을 보고 있다. 잠시 후 아

내가 주방으로 나와 물을 마시면서 멀찍이 앉아 있는 남편에게 한마디 한다.

"저녁 먹어야지?"

남편이 데면데면하게 말한다.

"안 먹을래. 별로 배 안 고파."

아내가 주방에서 남편이 보고 있는 TV 근처로 걸어간다. 괜스레 그 옆의 진열장을 열며 한 번 더 말한다.

"나 배고파서 그런데, 고기 구울 테니까 같이 먹을래?"

허리를 곧추세우고 앞으로 몸을 잔뜩 기울여 TV를 보던 남편이 소파 등받이에 몸을 푹 파묻으며 말한다.

"아니. 난 괜찮아. 당신 혼자 먹어."

그 말을 들은 아내는 저녁 준비를 하는 대신 다시 방으로 들어가 문을 닫아버린다.

위의 일화가 보여주듯 사람과 사람 사이의 거리는 둘 사이의 친밀감을 나타낸다. 이제 막 연애를 시작한 연인들은 마치 한 몸인 것처럼 서로 꼭 붙어 길을 걸어가지만 이혼을 하기 위해 가정법원으로 향하는 부부는 앞뒤로 멀리 떨어져 걷는다. 굳이 의도하지 않아도 상대에게 어떤 마음을 가지고 있느냐에 따라 거리가 자연스럽게 결정되기 마련이다. 좋아하는 사람과는 최대한 가까이 있고 싶고, 보기도 싫은 사람과는 최대한 멀리 떨어지고 싶은 게 사람의 본능이기 때문이다. 사람 사이의 거리가 갖는 의미를 활용하면 상대가 나를 어떻게 생각하고 있는지, 상대와 어떻게 더 좋은 대화를 할 수 있는지를 알 수 있다. 미국의 인류학자 에드워드 홀은 사람 사이의 거리를 네 가지 유형으로 구분했다.

첫 번째 유형은 몸에서 50센티미터 떨어진 곳까지를 의미하는 친밀한 거리Intimate Distance다. 이 영역은 가장 가까운 사람들, 즉 가족, 배우자, 연인, 아주 가까운 친구 등에게만 허락되는 극도로 사적인 공간이다. 이 공간에서는 숨소리, 체온, 냄새 등을 느낄 수 있고 신체적인 접촉도 가능하다. 따라서 아주 가까운 관계라고 하더라도 서로 껴안거나 스킨십을 할 때, 혹은 비밀스러운 얘기를 할 때를 제외하고는 이 영역에 잘 머무르지 않는다.

두 번째는 50센티미터에서 1.2미터까지의 공간인 개인적 거리Personal Distance다. 이 영역은 '친밀한 거리'보다는 덜하지만 여전히 친밀한 공간이다. 친밀한 거리 안에 들어갈 수 있는 관계뿐만 아니라 친한 친구나 회사 동료처럼 친분이 있는 사람들이 편하게 대화를 나누는 영역이다. 만약 친분이 없다고 생각하는 사람이 이 영역 안으로 들어오면 순간적으로 불편함을 느끼고 나도 모르게 상체를 뒤로 젖히거나 한 발짝 뒤로 물러나는 행동을 해서 상대와 거리를 두려는 모습을 보인다.

세 번째는 1.2미터에서 3.6미터까지의 공간인 사회적 거리

Social Distance다. 친분이 없는 사람들이나 상하관계에 놓인 사람들이 대화를 나눌 때 이 정도의 거리를 둔다. 길거리에서 낯선 사람에게 길을 물어볼 때라든가 회사에서 상사와 대화를 나눌 때 등이 대표적이다. 그러니 모임에서 마음에 드는 이성을 발견해 인사를 건네고 싶다면 일단 이 사회적 거리에서 첫인사를 건네야 안전하다. 친밀감을 쌓겠다는 마음으로 다짜고짜 개인적 거리 이상의 영역으로 돌진해버리면 상대는 부담감을 느껴 오히려 더 멀어질 것이다. 사회적 거리를 두고 대화를 시작한 후에 서로 호감이 생겼다는 사실을 확인했을 때 조금 더 가까이 다가가야 한다.

마지막 네 번째는 반경 3.6미터 이상의 공간인 공적 거리Public Distance다. 이 거리에서는 개인 대 개인으로 대화를 주고받기 어렵기 때문에 일반적으로 강의나 연설, 공연 등과 같은 일방향 소통에서 주로 사용된다.

다른 사람이 나에게 얼마나 가까이 다가오는지, 얼마나 멀리 떨어지는지를 보면 나에 대한 생각을 알 수 있다. 앞에서 부부 싸움으로 대화가 끊겼던 부부의 사례를 다시 살펴보자. 일주일 동안 서로 말을 하지 않던 와중에 방에 있던 아내가 주방으로 나오며 소파에 있는 남편에게 저녁을 먹자고 말을 건다면 그건 분명 화해의 의미이다. 남편과의 거리를 좁혔기 때문이다. 심지어 주방에서 남편이 있는 거실로 한 번 더 몸을 움직여 말을 걸어온다면 화해를 원한다는 것이 더 명확해진다. 만약 남편이 거리를 좁혀오는 아내의 의도를 알아차린다면 저녁을 먹자는 아내의 말에 "그럴까? 내가 고기 구울게."라고 자연스럽게 호응하며 화해의 물꼬를 틀 수 있다. 그런데 남편이 그동안 퉁명스러웠던 자신의 태도를 갑자기 바꾸기 민망하다는 이유로 아내의 제안을 받아들이지 않으니, 아내가 화해를 포기하고 다시 나왔던 방으로 들어가버린 것이다. 좁혔던 거리를 다시 벌리는 행동으로 화해가 어려워졌음을 표현하는 것이다. 아내는 배가 고파서가 아니라 화해하고 싶었던 것이다.

그러므로 좋은 대화 상대가 되고 싶다면 개인적 거리를 유지하자. 거실 소파에 앉아 TV를 보고 있는데 식탁에서 아들이 "아빠! 저 할 얘기 있어요!"라고 말한다면 그 자리에 앉은 채 큰 목소리로 "어! 얘기해! 뭔데!"라고 말하기보다는 몸을 움직여 아들이 있는 식탁으로 다가가자. 방에 있는 남편이 "자기야! 나 물어볼 거 있어!"라고 말한다면 거실에 앉아 큰 목소리로 "뭔데?"라고 외치기보다 몸을 일으켜 방문을 열고 들어가 대화하자. 대화를 하자는 말에 몸을 움직여 상대에게 다가가는 사람은 다른 사람의 말에 귀 기울이고, 대화 상대를 존중하는 좋은 사람으로 보인다. 그러니 조금 귀찮더라도 소중한 사람과의 거리를 좁히기 위해 몸을 움직여보면 어떨까?

✳ ————

관계의 친밀도에 따른 '대화의 거리'를 준수하자.

낯선 사람과의 거리는 지키고,

친밀한 사람과의 거리는 좁히는 것이

상대를 존중하는 태도다.

# 고개만 끄덕여도
# 대화가 즐거워진다

모든 사람의 생각과 의견이 같을 수는 없다. 대화를 나누다 보면 상대방의 말에 동의하는 경우도 있지만 상대와 생각이 전혀 다를 때도 있다. 좋은 점은 드러내고 나쁜 점은 감추는 게 미덕일 때가 있는데 대화의 순간이 바로 그런 때다. 대화에서 느끼는 좋은 감정, 예를 들면 네가 하는 말에 동의하고 있다는 사실, 같은 생각을 공유해 반가워하고 있다는 사실, 네가 말하는 이야기들에 흥미를 가지고 있다는 사실 등을 눈에 보이게 표현할 줄 안다면 그 대화를 더 즐겁고 편안하게 만들 수 있다.

그리고 그 대표적인 긍정의 표현 방법이 바로 고개 끄덕이기다. 우리는 '응, 맞아, 좋아'라는 의사를 전달할 때는 고개를 아래위로 끄덕이고 '아니, 틀려, 싫어'라는 의사를 전달할 때는 고개를 좌우로 흔든다. 이는 몇몇 극소수의 나라를 제외하고 전 세계 모든 사람이 공통적으로 쓰는 의사소통 방식이다. 그렇기 때문에 굳이 말을 하지 않아도 고개를 어떻게 움직이는지 보면 그 사람의 생각을 바로 알 수 있다. 예를 들어 당신이 두 명의 친구를 앞에 두고 사회 문제에 대한 생각을 말하고 있다고 해보자. 두 친구 모두 당신의 눈을 바라보며 집중하고 있다. 그런데 한 친구는 중간중간 고개를 끄덕이며 당신의 말을 듣는 반면, 한 친구는 시종일관 미동도 하지 않은 채로 당신의 말을 듣고 있다. 둘 중 어떤 친구가 당신의 말에 동의하고 있다는 생각이 들까.

물론 고개를 끄덕이는 행동이 반드시 동의를 의미하지는 않는다. 상대의 말에 전혀 동의하지 않아도 고개를 끄덕이는 경우가 있는데 이때의 끄덕임은 '그래. 그렇게 생각할 수 있지'라는 다름에 대한 인정을 뜻한다. 동의든 인정이든 끄덕이며 말을 듣는 것은 분명히 말을 하는 사람에게 힘을 실어주는 행동이다. 반면에 상대의 말을 들으며 고개를 좌우로 흔드는 행동은 '동의하지 않는다', '너는 틀렸다'라는 부정적인 메시지를 전달한다. 당연히 말하는 사람의 힘이 빠지게 하는 행동이다.

토론 프로그램을 보면 토론자들의 모습에서 이 두 가지 고갯

짓을 흔히 발견할 수 있다. 한 주제에 대해 서로 다른 생각을 가진 사람들이 의견을 나누는 그 치열한 자리에서도 부드럽게 고개를 끄덕이며 상대의 말을 경청하는 사람들이 있다. 이런 사람들은 상대의 말에 동의하지 않더라도 대체로 상대의 말을 끝까지 듣는다. 이들은 상대를 존중하고 배려하는 사람, 그리고 대화에 있어 여유를 가진 사람이라는 이미지를 갖는다.

그런가 하면 상대의 말이 채 끝나기도 전에 고개를 절레절레 흔드는 사람들도 있다. 고개를 흔드는 것도 모자라 못마땅한 표정으로 바라보거나 아예 고개를 돌리고 눈까지 감는다. 이는 아예 당신과의 소통을 차단하겠다는 메시지다. 이런 사람들은 상대의 말을 중간에 끊고 반박하기도 한다. 이런 행동은 상대의 기분을 생각하지 않고 상대의 의견을 존중하지 않는 사람, 자신이 말할 차례를 기다리지 못하는 이기적인 사람으로 보이게 한다. 대화에서 둘 중 어떤 사람이 환영받을지는 말하지 않아도 자명하다. 실제로 많은 사람 앞에서 강의를 하다 고개를 끄덕이며 내 강의를 들어주는 사람을 발견하면 그렇게 든든하고 고마울 수가 없지만, 반대로 강의를 들으며 고개를 절레절레 흔드는 사람을 발견하면 그렇게 신경이 쓰이고 마음이 불편할 수가 없다.

모든 이야기에 동의하자고 말하는 것이 아니다. 사람마다 각기 다른 생각을 하는 것은 매우 당연하고 자연스러운 일이다. 다만 나와 대화를 나누는 상대를 배려하고 좋은 대화 상대가 되기 위해 열린 마음으로 긍정의 몸짓을 하자는 의미다. 고개를 끄덕이는 그 작은 몸짓 몇 번이 "너의 말에 동의해. 너의 생각을 존중해. 네가 다르게 생각할 수 있다는 것을 인정해. 그러니까 하고 싶은 말을 마음껏 해도 돼!"라는 메시지를 전달한다. 당신의 고갯짓이 전달하는 이 멋진 응원을 받은 상대는 신이 나서 더 잘 말할 수 있게 될 것이다.

✳ ———

사람은 각자 자신만의 생각과 의견을 가진다.
다른 의견에 대해서도 열린 마음으로
긍정의 몸짓을 보여주자.
그것이 상대를 존중하고 배려할 줄 아는 사람의 대화다.

# 공감의 마음을 전하는
## 표정 미러링

"기쁨은 나누면 배가 되고 슬픔은 나누면 반이 된다."라는 말이 있다. 이 표현을 누군가는 기쁨을 나누면 시기와 질투의 대상이 되고 슬픔을 나누면 약점이 된다고 해석하기도 한다. 세상 일이라는 게 해석하기 나름이니 각박해지는 사회를 지적하는 부정적 해석도 얼마든지 가능하다고 생각한다.

하지만 굳이 사소한 문장 한 줄의 나쁜 면에 집중할 필요가 있을까? 나는 분명 이 말이 같은 마음을 나누면 얼마나 큰 힘을 주는지 보여주는 긍정적인 말이라고 생각한다. 결혼식에 참석한 하객들이 보내는 열렬한 박수와 환호는 신랑, 신부를 더욱 행복하게 만들어주고 장례식에 참석한 조문객들의 따뜻한 위로와 격려는 상주의 슬픔을 잠시나마 잊게 만들어주는 것처럼 말이다.

감정을 나누는 행동은 대화의 순간에도 그 힘을 발휘한다. '나도 너와 같은 마음이야', '너의 지금 감정이 내 감정인 것처럼 느껴져'라는 공감의 마음을 전달하기 위해서는 상대의 말과 같은 결의 표정을 짓는 것이 좋다. 이것이 바로 '표정 미러링'이다. 상대가 즐겁고 행복한 이야기를 할 때는 환하게 웃으면서, 반대로 슬프고 괴로운 이야기를 할 때는 안타까움과 걱정을 담은 진지한 표정을 지으며 듣는 것이다. 그러면 상대는 자신의 이야기를 내가 집중해서 정확하게 듣고 있음을 알게 되고 진심으로 자신의 감정에 공감해주고 있다고 생각한다. 결이 맞는 표정은 이렇듯 마치 자신의 일인 것처럼 기쁨이나 슬픔을 느끼고 있다는 동질감을 준다. 표정 미러링은 서로 간의 신뢰를 형성하고 친밀감을 높이는 행동이다.

반대로 표정 미러링이 잘되지 않으면 겉과 속이 다른 사람처럼 보일 수 있다. 예를 들어 학교를 졸업하고 함께 취업 준비를 하던 두 친구 중 한 명이 오랫동안 목표로 했던 좋은 회사에 취업했다고 생각해보자. 합격 소식을 듣자마자 둘도 없는 친구를 만나 기쁜 소식을 알린다. 그 소식을 들은 친구가 말한다.

"축하해! 너무 잘됐다. 너는 열심히 했으니까 합격하는 게 당연해!"

하지만 살짝 미소를 보이며 축하의 말을 건네더니 이내 표정이 굳어진다. 대화를 나누는 내내 그의 표정이 어둡다. 함께 준비해왔던 취업이었지만 친구는 성공하고 자신은 아직 성공하지 못한 데서 오는 불편한 감정이 표정으로 나타난 것이다.

이런 경우도 있다. 두 친구 중 한 사람은 최근에 좋은 사람을 만나 알콩달콩 연애를 시작했다. 하지만 다른 친구는 오랫동안 연애를 못 하고 있는 처지다. 그중 연인이 없는 친구는 연애를 시작한 친구가 데이트를 핑계로 만나기도 어려워지자 괜히 섭섭하다. 밸런타인데이, 크리스마스 같은 기념일에 혼자 있는 자신과 달리 누가 봐도 괜찮은 연인과 행복한 시간을 즐기는 친구의 모습이 보기 좋으면서도 한편으로는 질투가 난다. 자신도 연애를 하기 위해서 부단히 노력하는 중이지만 쉽지 않다. 그러던 어느 날, 연애 중인 친구가 침울한 표정으로 찾아와서는 연인과 헤어졌다고 말한다. 연인이 없는 친구는 잠깐일 거라고, 연인을 다시 만날 거라고 위로했지만 그 친구는 완전히 끝났다며 격한 슬픔을 토로한다. 혼자인 친구는 자기 친구가 괴로워하는 모습이 안쓰러워 위로의 말을 건넨다.

"힘내. 지금은 아프겠지만 시간이 지나면 괜찮아질 거야. 더 좋은 사람 만날 수 있어."

그런데 진심 어린 위로의 말을 건네는 친구의 표정이 어쩐 일인지 밝다. 환하게 웃는 얼굴로 술이나 먹자며 직원을 부른다. 그 모습이 어쩐지 신나 보이기까지 한다. 연인과 헤어져 힘들어하는 친구가 걱정되면서도 마음 한편에 생겨난 잘됐다는 감정을 숨기지 못한 것이다.

이렇듯 감정과 표정은 연결되어 있기 때문에 어떤 표정을 짓는지를 보면 그 사람의 감정을 읽을 수 있다. 그러니 상대에게 기쁘고 좋은 일이 생겼다는 소식을 전해 들었다면 내가 지을 수 있는 가장 밝은 얼굴로 대화를 하자. 상대의 기쁨을 더 크게 만들 수 있다. 반대로 상대에게 힘들고 괴로운 일이 생겼다는 소식을 전해 들었을 때는 표정에 진지함과 진심 어린 염려를 담자. 공감을 통한 위로로 상대의 슬픔을 다독일 수 있을 것이다. 여기서 중요한 것은 표정의 결을 말하는 사람의 표정이 아니라 그 사람이 전하는 말의 내용과 그 사람의 감정에 맞춰야 한다는 것이다. 때로는 취업을 하지 못한 친구를 위해 애써 기쁨을 감추며 무표정한 얼굴로 기쁨을 이야기하는 사람도 있고, 자신을 걱정할 조문객을 위해 애써 슬픔을 감추며 웃는 얼굴로 슬픔을 이야기하는 사람도 있기 때문이다.

상대의 감정과 결이 맞지 않는 표정을 짓는다면 의도치 않게 오해를 받을 수 있다는 사실을 기억하자. 대화에서의 표정 관리

는 가식과 위선이 아니라 누군가의 소중한 감정에 대한 배려가
된다.

✳ ————

공감의 마음을 전달하기 위해서는
상대가 전하는 말의 내용과 감정에 맞는
표정을 지어야 한다.
표정 관리는 가식이 아닌
누군가의 소중한 감정에 대한 배려라는 점을 기억하자.

# 좋은 사람이라서가 아니라
# 좋은 사람이고 싶어서

대화법과 소통, 매너와 태도에 대해 오랫동안 강연을 하다 보니, 때로는 감사한 오해를 받기도 합니다. 저라면 특별히 노력하지 않아도 타고난 말솜씨로 누구와도 쉽게 대화할 수 있을 거라고 생각하시는 분들이 간혹 있지요. 하지만 사실은 그 반대입니다. 지금까지도 누군가와 이야기를 나눌 때는 항상 온 신경을 기울이기 때문입니다. 제게 대화는 언제나 '어려운' 것이었습니다.

모든 사람이 그러하듯 저 역시 남에게 피해를 끼치는 것을 정말 싫어합니다. 그래서 삶의 모든 순간에 조심하는 버릇이 있죠. 제가 정의로워서라기보다는 겁이 많아서 그런 것 같습니다. 겁이 많은 저는 다른 사람과 다투게 될까 봐 두려워하곤 합니다. 그런데 만약 무례한 언행으로 누군가에게 피해를 입히고 상처를 준다면, 분명 제가 두려워하는 그 상황을 맞닥뜨리게 되겠죠. 그래서 저는 항상 예의 있게 행동하고자 노력하고, 살면서 만나는 모든 사람들을 존중하고자 노력합니다. 이런 면에서 생각해보면 제가 가진 두려움은 확실히 저에게 좋은 쪽으로 작용하는 것 같기도 합니다.

세상에서 가장 소중한 저의 딸도 저를 좋은 방향으로 이끌고 있습니다. 딸이 태어난 이후로 더 좋은 대화를 하는 아빠, 더 좋은 태도를 가진 사람이 되고 싶다는 마음이 들었으니까요. 사랑스러운 딸과 대화를 하며 보여주는 웃는 얼굴, 다정한 눈빛과 말투, 예쁜 단어들과 다채로운 표현 같은 것들이 딸과의 대화를 넘어 모든 사람과의 대화에서도 드러날 수 있도록 노력하게 되었으니, 결국 저는 딸에게 좋은 대화의 방법들을 배우고 있는 건지도 모르겠습니다.

이 책을 함께 만들어준 나의 딸 은유에게 무한한 사랑을 전합니다. 무엇보다 좋은 소통을 위해 이 책을 선택해서 끝까지 읽어주신, 이미 충분히 멋진 모든 독자 여러분들께 깊은 감사의 마음을 전하고 싶습니다.

소통이 어려운 어른을 위한 50가지 대화의 기술

# 끌리는 사람은 말투가 다르다

**초판 1쇄 발행** 2025년 4월 29일

**지은이** 이상화
**펴낸이** 최현준

**편집** 강서윤, 홍지회
**교정** 최진
**디자인** Aleph design

**펴낸곳** 빌리버튼
**출판등록** 2022년 7월 27일 제 2016-000361호
**주소** 서울시 마포구 월드컵로 10길 28, 201호
**전화** 02-338-9271
**팩스** 02-338-9272
**메일** contents@billybutton.co.kr

ISBN 979-11-92999-80-7 (03190)
ⓒ 이상화, 2025, Printed in Korea